Couverture inférieure manquante

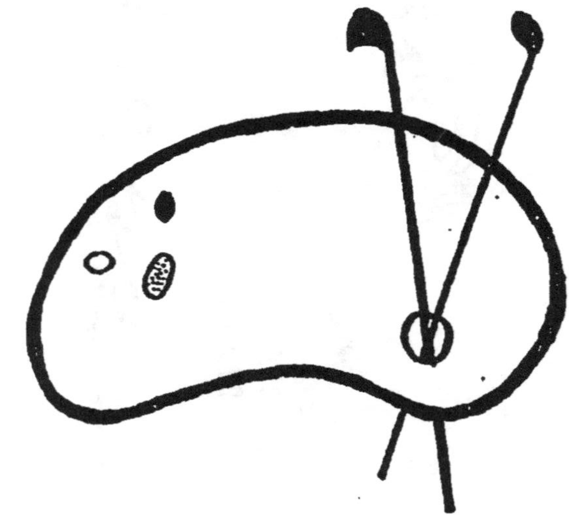

DEBUT D'UNE SERIE DE DOCUMENTS
EN COULEUR

CHRONIQUES
DU
SANTERRE

DEUX CAUSES CÉLÈBRES

PAR

Alcius LEDIEU

ROYE
Imp. H. JEANSON-QUIN
1, Rue de Paris
1904

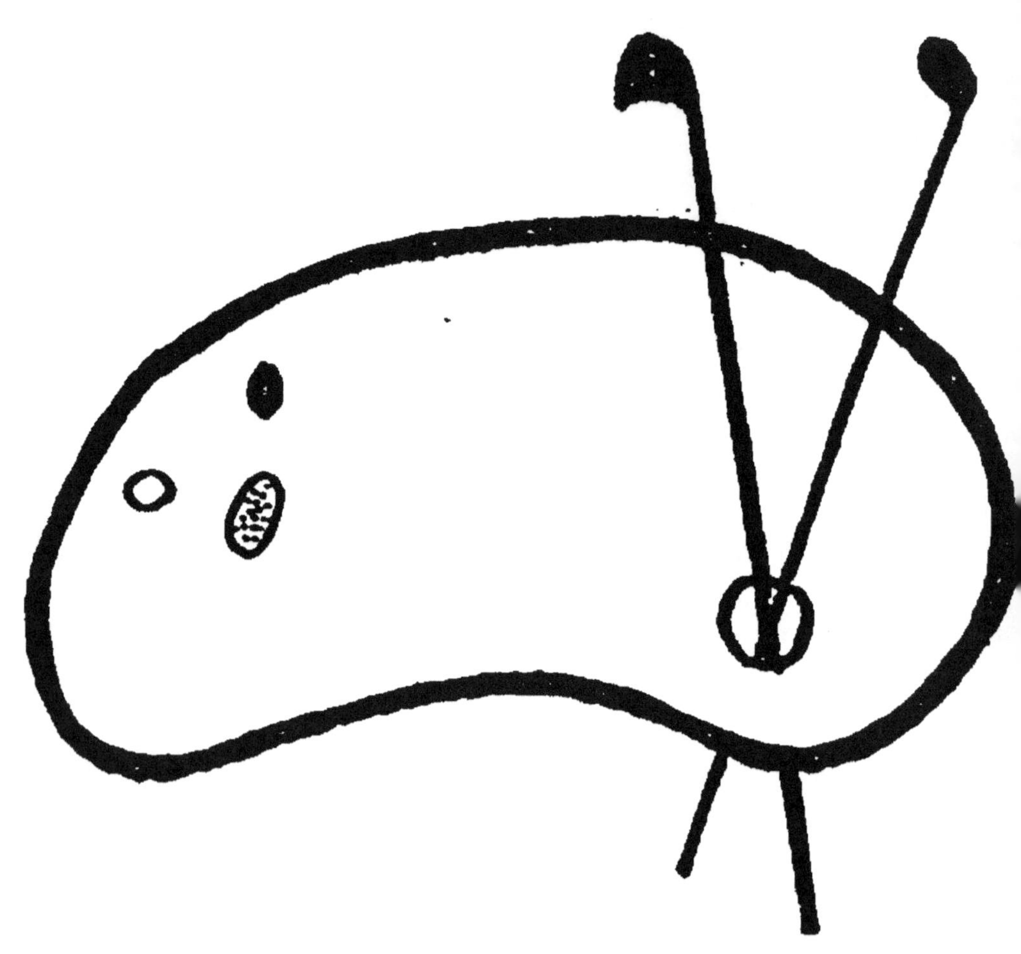

FIN D'UNE SERIE DE DOCUMENTS
EN COULEUR

CHRONIQUES
DU
SANTERRE

DEUX CAUSES CÉLÈBRES

PAR

Alcius LEDIEU

ROYE
Imp. H. JEANSON-QUIN
1, Rue de Paris
1904

Deux bandes de malfaiteurs, qui opéraient au début et vers le milieu du dix-neuvième siècle, ont donné au Santerre une triste réputation.

Ces criminels furent poursuivis devant les assises.

Les débats de ces causes célèbres ont fait l'objet de relations plus ou moins détaillées soit dans la presse du temps, soit dans des publications spéciales.

Ces deux affaires appartiennent maintenant au domaine de l'histoire.

C'est à ce titre, — d'autant que les sinistres membres de ces associations sont morts depuis longtemps, — que j'ai cru devoir donner un résumé des comptes rendus des journaux de l'époque, que dévoraient avidement les contemporains.

En réalité, je ne rapporterai aucun fait qui n'ait été publié.

Mon rôle — et j'insiste sur ce point — se borne simplement à celui de compilateur.

Fidèle à ma devise, sparsa colligo, *j'ai recueilli pour les historiens futurs ce qui était disséminé dans des feuilles éphémères ou dans des opuscules devenus aujourd'hui des raretés.*

A. L.

La Bande de Rainecourt

ET

LA BANDE LEMAIRE

par Alcius LEDIEU

I

La Bande de Rainecourt

Il y a juste un demi-siècle, tout le Santerre était terrorisé par une série de vols et d'assassinats dont les auteurs demeuraient inconnus.

Ce n'était point, d'ailleurs, la première association de malfaiteurs qui exerçait sa coupable industrie dans cette région de notre chère Picardie.

Déjà, pendant la Révolution, les *Chauffeurs* s'étaient rendus coupables des plus horribles crimes. On sait que ces brigands furent ainsi nommés de ce que, pour faire révéler aux fermiers chez lesquels ils s'étaient introduits la nuit, le visage barbouillé de suie, l'endroit où ils cachaient leur argent, ils les garottaient et exposaient à un feu ardent la plante des pieds de leurs victimes.

Plus tard, vers les premières années de la Restauration, une autre bande, dont les membres devaient certainement être apparantés avec les

Chauffeurs, donne au haut Santerre une triste célébrité dans les annales du crime. Ces malfaiteurs portèrent la désolation et l'effroi dans cette région à plus de dix lieues à la ronde, et, pour le reste de la Picardie, tous les Santernois, gens honnêtes, serviables et hospitaliers entre tous, ont été rendus solidaires de ces bandits. Aujourd'hui encore, on s'obstine à leur prêter de mauvais instincts qu'ils sont loin d'avoir.

Avant que d'en arriver à parler de la bande Lemaire, je dois dire un mot de la fameuse bande de Rainecourt, qui fut dissoute en 1820.

Le Haut Santerre était alors livré à une association d'une trentaine d'individus, nés à Vrely, à Rosières ou à Harbonnières, ou habitant ces communes; ils y portèrent la terreur, par les assassinats, les incendies et les vols qu'ils y commirent. Ils ne comptaient pour rien la vie des hommes, et ils tuaient pour voler quelques francs.

Ils avaient parmi eux des femmes qui n'étaient pas les membres les moins féroces de leur bande. Ils opéraient militairement, posant des sentinelles, se gardant avec soin et se jouant de la police locale à laquelle il fallut substituer l'habileté de la police parisienne; un agent fut appelé dans le Santerre et sut se faire affilier dans la bande dont il partagea quelque temps les méfaits. Il était de leurs expéditions, commettait avec eux quelques vols et entra assez avant dans la confiance de ces misérables pour obtenir, par ses conseils, qu'ils s'abstinssent d'assassinat. Ainsi, il obtint la vie d'une femme qu'on avait dévalisée dans sa maison et, qu'au lieu de tuer, comme on en avait eu l'intention, on se contenta de jeter et d'enfermer dans une cave.

Le but de l'agent parisien que, dans le pays, on crut avoir été le fameux Vidocq, était d'attirer toute la bande dans une souricière pour s'en emparer d'un seul coup de filet, ce qui n'était pas facile. Enfin il vint à bout de son projet, comme on le verra par la suite.

En l'an de grâce 1818, il y avait à Deniécourt un cabaretier du nom de Pierre Vitasse. Il avait la tête carrée, les épaules robustes, une large poitrine et des bras bien musclés. Sous le rapport du caractère, il passait pour être très obligeant, mais un peu brusque. Ami de l'ordre, il ne faisait pas bon qu'un buveur vînt le troubler.

Son cabaret était assez bien achalandé. C'est que Rose, la fille de Pierre Vitasse, était aussi belle qu'aimable. Son père l'adorait; il ne vivait que pour elle. On le disait riche et, cependant il continuait de travailler et ne vivait que de privations afin de lui constituer une belle dot.

La jeune fille était recherchée par des jeunes gens appartenant aux meilleures familles des pays environnants, mais l'un d'eux, fils d'un maître de postes d'un village voisin, avait su se faire agréer par le père et par la fille; il fut enfin admis à faire sa cour.

On s'entretenait souvent dans ce cabaret de la bande qui infestait le pays, parce que, journellement, les colporteurs ou les petits industriels ambulants s'y arrêtaient et, en vidant leur verre de bière, ils racontaient ce qu'ils avaient appris sur le compte des malfaiteurs. Les multiples forfaits qu'ils commettaient pendant la même nuit faisaient présumer qu'ils étaient nombreux et l'on ne manquait jamais de jeter la pierre aux autorités qui laissaient tant de communes livrées aux déprédations de ces hardis brigands.

— On voit bien par-ci par-là quelques gendarmes, dit un jour Pierre Vitasse, mais ces traineurs de sabre n'arriveront jamais, de la manière dont ils s'y prennent, à nous délivrer d'un seul de ces coquins. Ces grands chapeaux ne sont bon qu'à aller se faire rincer le bec chez les maires pour éviter d'aller dans les cabarets, où il leur faudrait mettre la main à la poche.

Presque au même instant, un brigadier et quatre gendarmes faisaient leur entrée dans l'auberge, donnant ainsi une sorte de démenti à l'assertion qui venait d'être formulée.

La conversation roula sur l'affaire la plus récente, qui remontait à une quinzaine de jours. Les malfaiteurs avaient pillé une ferme à sept kilomètres de là après qu'ils eurent mis à mort la famille du fermier, composée de cinq personnes, et trois domestiques qui couchaient à la ferme.

— Et dire que voilà bientôt quatre ans que ça dure! dit l'aubergiste en serrant les poings de l'air d'un homme profondément exaspéré.

— Hélas! oui, répliqua le brigadier en poussant un soupir; ce sont d'adroits scélérats.

— Et dire que je n'ai jamais eu le bonheur qu'ils se soient adressés ici! continua Renard en agitant ses énormes poings.

— Vous devriez plutôt vous en féliciter, car, que feriez-vous contre huit ou dix hommes qui viendraient vous surprendre dans votre sommeil?

— Ah! c'est que je l'ai bien léger, mon sommeil. Qu'ils essaient de venir s'y frotter; il serait curieux de savoir le prix que le diable voudrait donner de leur peau après l'affaire.

On rit beaucoup de cette saillie, et le cabaret se vida peu à peu après le départ des gendarmes.

Cinq ou six semaines plus tard, alors que trois ou quatre mauvais coups avaient été commis dans quelques localités plus ou moins éloignées de Deniécourt, un brigadier de gendarmerie de Péronne se présenta un soir, vers sept heures, chez le maire de Berny et lui dit en baissant la voix:

— Il y aura du nouveau cette nuit dans le

village. Pour cela, vous ne feriez peut-être pas mal d'avoir tous vos domestiques sous la main, sans toutefois leur en souffler mot, et de vous tenir prêt à marcher avec eux à l'endroit où devra avoir lieu le grabuge, attendu que c'est... ma foi! avec vous pas de mystère, chez le père Dufeuilly, ce vieil avare qui demeure au bout de votre rue.

— Quoi? que doit-il se passer? demanda le maire. Est-ce que la bande...

— Tout juste! répliqua le brigadier; elle doit venir faire des siennes chez le vieux grigou et lui faire passer le goût du pain, à seule fin de connaître la couleur de ses écus.

— Comment savez-vous cela?

— Un membre du parquet d'Amiens est venu à ce sujet à Péronne pour s'entendre avec les juges et le sous-préfet; mon capitaine, qui était aussi sur les lieux, m'a donné des instructions avec l'ordre de requérir vingt de nos plus solides lapins pour venir s'embusquer chez le susdit Dufeuilly. Pour ne pas donner l'éveil, ils se sont rendus par différents chemins jusqu'à Marché-lepot et, à neuf heures du soir, nous serons tous chez votre administré, qui sera bien surpris d'apprendre qu'il était marqué pour entreprendre cette nuit le grand voyage.

Après le départ du brigadier, le maire de Berny s'occupa de ses armes et prévint ses domestiques qu'il les réveillerait peut-être la nuit pour un coup d'affût qu'il préméditait.

Il était minuit et demi, et le maire n'avait entendu aucun bruit et personne n'était venu le prévenir. Croyant que la mèche avait été éventée, il allait se mettre au lit, lorsque le bruit de sept ou huit détonations précipitées parvint jusqu'à lui. En un clin d'œil, il sauta sur ses armes et, réveillant ses gens:

— Debout! leur cria-t-il, debout! Et suivez-moi! Avez-vous tous vos fusils?

En marchant au milieu d'eux, il les mit au courant de ce qui se passait. Quand ils furent arrivés près de la maison du père Dufeuilly, il les fit ranger en face de la porte, l'arme au bras, et leur dit de tirer à son commandement.

A l'intérieur, il se faisait un vacarme d'enfer; on se battait avec fureur, et, si l'on n'entendait que peu de coups de feu, c'est que l'on se battait corps à corps; un bruit de ferraille et de rugissements indiquait que les bandits luttaient en désespérés.

Tout à coup, trois de ces coquins sortirent précipitamment; ils tombèrent entre les mains du maire et de ses hommes, qui parvinrent à les garotter, malgré une résistance opiniâtre. L'un de ces bandits avait eu dans la lutte le ventre ouvert d'un coup de sabre; il mourut bientôt des suites de ses blessures.

Dans la cour, sept ou huit gendarmes luttaient contre un seul de ces bandits, d'une force peu commune; il put enfin être ligotté.

— De la lumière par ici! cria l'un des gendarmes à ses camarades, qui se trouvaient à l'intérieur.

Dès que la cour fut éclairée, un spectacle affreux se présenta aux yeux des témoins de cette scène de carnage; des cadavres, des corps ensanglantés gisaient pêle-mêle, râlant, geignant, blasphémant; il se trouvait sur le sol autant de gendarmes que de bandits.

— Nous les tenons enfin, dit le maréchal-des-logis; mais voilà un drôle qui, pour sa part, nous a donné bien de la tablature. Il est de la force de plusieurs chevaux. Il a tordu ma baïonnette comme une cuiller d'étain et, sans les camarades le gueux m'étranglait dans ses deux tenailles sans me donner le temps de dire ouf! mais, à présent, son compte et bon; il est lardé à point; il perd pas mal de sang, mais il lui en restera encore assez pour aller éternuer dans la boîte à son, et « saluer la poissonnerie » d'Amiens. L'origine de ce dicton populaire est due à ce que l'échafaud était dressé sur le marché aux herbes; la lunette faisait face à la halle aux poissons, de sorte que la tête du décapité, en tombant, semblait saluer la poissonnerie.

Chacun de ces brigands avait la tête couverte d'une espèce de capuchon de toile noire qui n'avait que deux ouvertures pour les yeux; ils étaient tous vêtus de mauvailles *rouillères.*

— Allons, relève-toi donc, coquin! s'écria le maréchal-des-logis en poussant du pied celui qui avait opposé tant de résistance.

Et, s'étant fait aider de quelques-uns de ses camarades pour le faire tenir debout, il ajouta, en lui arrachant la coiffe noire qui lui cachait la figure:

— Fais donc voir ta frimousse de pendard!

En cet instant, un cri de surprise s'échappa de la poitrine de tous ceux qui étaient présents. Ils venaient de reconnaître Pierre Renard, qui faisait, bien à l'insu de sa malheureuse fille, le métier contre lequel il s'indignait en apparence avec tant d'énergie. C'était lui qui, depuis quatre ans, avait organisé cette terrible bande composée en grande partie de journaliers du pays, et qui vivaient, le jour, dans les fermes de leurs maîtres comme de braves et honnêtes ouvriers. Presque toutes les nuits, Vitasse quittait sa maison pour les mener à ces vilaines opérations, tantôt dans un village, tantôt dans un autre, suivant les renseignements qui lui avaient été transmis; et, pour cinq heures du matin; le cabaretier était rentré chez lui, de sorte que sa fille ne se doutait nullement des horreurs que commettait son père.

Sept heures après l'arrestation de ces bandits, la malheureuse enfant apprit la fatale vérité. Elle tomba sur une chaise en proie à une profonde douleur suivie d'une prostration qui faisait peine à voir. Pendant toute la matinée elle demeura assise, muette, sans faire un mouvement, les yeux vagues. Tout à coup, son fiancé, qui ne savait encore rien, ouvrit la porte de la maison. A sa vue, la jeune fille se dresse d'un bond et se sauve précipitamment dans la cour en poussant un cri perçant; son fiancé court après elle, il l'appelle, mais, sans retourner la tête, elle continue sa course et, arrivée au puits, elle ouvre la porte, et se lance dans le vide la tête la première. Quand on la retira de ce puits, qui mesurait plus de cents pieds de profondeur, on ne ramena qu'un cadavre tout meurtri, tout souillé de sang; elle s'était brisé la tête contre les parois avant que d'avoir atteint le fond.

Cette bande de malfaiteurs fut prise à la suite d'une dénonciation faite à la justice par un mouchard de la police de Paris qui, pendant quinze mois, demeura chez Pierre Vitasse en qualité de valet: il s'était donné à lui comme un voleur de profession et, en plusieurs occasions, il fit voir qu'il s'entendait bien à pratiquer le vol et l'assassinat. Il jouait certainement gros jeu en demeurant pendant si longtemps chez le chef, mais il sut si bien remplir son rôle que Vitasse n'eut jamais le moindre doute à son égard.

Quand cet habile mouchard, ancien forçat libéré, sans doute, connut tous les membres de cette association dévastatrice, et les ramifications qu'elle avait sur tous les points du département, il prépara le coup de filet qui amena l'arrestation de vingt de ces bandits les plus dangereux.

Voici comment les choses s'étaient passées.

L'agent parisien avait eu l'adresse d'empêcher que personne ne fût armé. Un brigand appelé Vitasse, voulant être agréable à celle qui passait pour être le chef de cette bande, laquelle convoitait les literies du père Dufeuilly, Vitasse, dis-je s'avança pour tuer le vieillard. L'agent d'un coup de pistolet, cassa la tête du bandit. A ce bruit, qui servait de signal, les gendarmes s'élancèrent de leurs cachettes. On sait le reste.

Le lendemain, les gendarmes se rendirent à Rainecourt, au domicile de la vieille femme que l'on considérait comme le chef de cette association, et qui était surnommée *Grand'Mère Chavatte* ou *Grand'Mère de Rainecourt*; on savait qu'elle avait reçu en se sauvant un coup de baïonnette dans la portion postérieure et charnue de son individu.

Les gendarmes trouvèrent cette femme couchée malade, dit-elle, d'une blessure que lui avait faite un échalas d'une haie qu'elle avait franchie. C'est par elle que les arrestations commencèrent; le reste de la bande tomba bientôt aux mains de la justice, à l'exception de trois de ces malfaiteurs qui moururent des suites de leurs blessures et d'un quatrième, qui disparut et dont on n'eut plus de nouvelles.

Voici en quels termes les journaux du département de la Somme du mois de Mars 1820 annoncèrent l'arrestation de la bande de Rainecourt.

« La gendarmerie a amené le mardi 29 février dans les prisons d'Amiens huit hommes et cinq femmes prévenus d'avoir fait partie d'une bande de brigands qui s'était organisée dans les cantons de Chaulnes et de Rosières, arrondissements de Péronne et de Montdidier.

Cette bande, dont l'existence était connue depuis assez longtemps, était l'objet d'une surveillance particulière de notre police. La gendarmerie de Montdidier ayant su qu'elle devait se rendre dans la nuit du samedi 26 au dimanche 27 dans la commune de Berny, canton de Chaulnes, pour y commettre un vol, et peut-être un assassinat, chez un vieillard, qui avait reçu depuis peu une assez forte somme en argent, prit si bien ses précautions que le lieutenant Devabre, le sieur Dupré, brigadier a Roye et huit gendarmes se rendirent d'avance dans la maison où le vol devait être commis, sans que les brigands s'en doutassent. Le lieutenant, bien armé, se mit auprès du lit du maître de la maison, et les gendarmes se tinrent cachés soit auprès de lui, soit en divers lieux de l'habitation.

Bientôt, la bande arriva, força les portes et pénétra dans la maison sans se douter qu'elle était occupée par la gendarmerie. Le chef, nommé Capelier, aubergiste à Rainecourt, se précipitait déjà sur le lit où le vieillard, à qui le lieutenant avait garanti sa sûreté, était couché tout habillé, ce qui obligea le lieutenant à faire usage de ses pistolets. Il atteignoit ledit Capelier. Les gendarmes parurent, et il s'engagea un combat dans lequel le brigand déjà blessé reçut un second coup de feu et plusieurs coups de baïonnette. Le gendarme Romary, commandant par intérim la brigade de Rosières, le saisit au corps et allait lui-même être assommé par le nommé Vitasse, l'un des brigands, quand celui-ci fut prévenu par un coup de carabine que lui tira le sieur Savary, gendarme, blessure dont Vitasse est mort peu de moments après. Enfin, toute la bande fut prise, soit dans la maison même, soit ensuite à Rainecourt, à Guillaucourt à Caix, à Harbonnières et à Fresnoy-lès-Roye. »

Le procès se jugea à Amiens et se termina par une punition terrible. Une vingtaine de voleurs furent condamnés aux travaux forcés à perpétuité ou à temps et sept d'entre eux, parmi lesquels *Grand'Mère Chavatte*, à être mis à mort; l'un de ces derniers avait échappé par la fuite à la condamnation prononcée contre lui par contumace.

Ces six individus furent exécutés à Rosières en 1820, à l'endroit désigné depuis sous le nom d'*Arbre d'Avanie* — et aujourd'hui *la Guillotine* — et où devaient être guillotinés trente-six ans plus tard trois membres de la bande Lemaire.

Le bourreau ne manqua pas de besogne ce

jour-là, mais celui qui en donna le plus, ce fut le cabaretier de Deniécourt, qui lutta énergiquement avec lui.

A partir de cette époque, et pendant de longues années, les entretiens de la veillée dans le Santerre roulaient sur les exploits de ces malfaiteurs.

Je dirai, en terminant, que la petite-fille de Grand'mère Chavatte est morte à Morisel, près Moreuil, au mois d'octobre 1894; elle était âgée de quatre-vingt quinze ans.

II

La Bande Lemaire

Comme on vient de le voir, la bande de Rainecourt était composée, des membres d'une même famille, dont les alliances s'étendaient dans les communes de Vrely, de Rosières et de Wiencourt-l'Equipée.

En 1832, de nouveaux vols étaient commis par les fils des bandits de 1820, mais ils furent bientôt arrêtés dans leurs tristes exploits.

Vingt ans plus tard, en 1852, une série de vols, d'incendies et d'assassinats vint terrifier de nouveau les populations si paisibles du Santerre. Pendant quatre années, les recherches de la justice demeurèrent infructueuses; les criminels, qui exerçaient leur industrie à poste fixe, presque au grand jour, échappaient au châtiment par la crainte qu'ils inspiraient. C'est le hasard qui mit la justice sur leurs traces; voici à quelle occasion. Un sieur Lemaire, de Vrely, jeune homme de vingt trois ans, se promenait dans un marché lorsqu'il avisa la boutique d'un marchand de couteaux ambulants. Le propriétaire était absent; Lemaire prit la boutique et la déposa dans la voiture de Villet, qui stationnait à quelques pas de là.

C'est à l'occasion de ce vol de couteaux que fut arrêté un nommé Hugot, aussi de Vrely; il dénonça plusieurs de ses complices, entre autres Lemaire et Hippolyte Villet; celui-ci, oncle de

Lemaire, avait une voiture et deux chevaux; quand un vol était commis, on cachait dans le voisinage d'une route les objets qui en provenaient; Villet, sur un avis, allait en faire le chargement et les transportait chez lui; de là, ils étaient expédiés à Paris pour être revendus.

Après son arrestation, Lemaire fit des aveux et compléta les révélations de Hugot.

On put établir dès lors la longue suite de forfaits commis par ces misérables; on connut ainsi la cause de nombreux incendies attribués au hasard; on apprit même qu'ils s'étaient rendus coupables de crimes qui n'avaient pas un instant éveillé l'attention de l'autorité.

L'instruction se poursuivit sans relâche et quatorze arrestations eurent lieu.

Les prévenus appartenaient presque tous à une seule famille dont les groupes divers avaient maintes fois fourni à l'échafaud, au bagne ou aux prisons de sinistres recrues.

L'état de la maison d'arrêt de Montdidier et l'inexpérience des deux gardiens-chefs qui se sont succédé pendant le séjour qu'y firent les membres de la bande Lemaire devaient donner à ceux-ci l'idée de s'évader. C'est ce qui eut lieu.

Peu de temps après l'assassinat des époux Thory à Folies, le 6 avril 1856, il fut procédé à l'arrestation de quatre individus. Les suites de l'instruction firent évanouir les charges qui pesaient sur trois des prévenus, qui furent relâchés le quatrième, nommé Hugot, fut retenu dans la prison de Montdidier.

Le 24 août (1856, Hugot) qui avait déjà subi plusieurs interrogatoires et s'était constamment tenu sur le pied d'une négative absolue, déclara qu'il était prêt à faire des révélations. Dans la soirée du même jour, vers huit heures, il fut conduit dans le cabinet de M. le juge d'instruction, où il passa une demi-heure environ. Il en sortit escorté par deux gendarmes, et sans menottes. Profitant de l'espèce de liberté de ses pieds et de ses mains, Hugot s'échappa des mains de ceux qui le conduisaient et disparut. Il battit la campagne quatre jours durant sans pouvoir être découvert, déroutant toutes les recherches, et vivant on ne sait comment. Le cinquième jour, il vint se présenter de lui-même au gardien de la prison, qui le réintégra à la maison d'arrêt.

Il avait été engagé à se constituer prisonnier par l'un de ses oncles, qui était prêtre, et par deux religieuses, ses parentes.

Mais une évasion sensationnelle fut celle de Lemaire. Une première tentative, qui ne réussit point, eut lieu au mois de février 1857; il y avait alors un peu plus de huit mois que les inculpés étaient détenus à la prison de Montdidier.

Lemaire, très véhémentement soupçonné à cause de ses antécédents, avait été, dès le principe, l'objet d'un mandat d'arrêt et était activement recherché. Il résolut pour déjouer les soupçons qui planaient sur lui de tenter un coup hardi; il se présenta de lui-même dans le cabinet du juge d'instruction, et se mit à la disposition du magistrat. Il comptait sur le silence de ses complices. Mais ce silence lui a fait défaut, car il fut maintenu en état d'arrestation et incarcéré.

Lemaire se résigna au régime de la prison et chercha à le rendre le moins désagréable possible. Il s'assura les bonnes grâces du sieur Brandicourt, gardien de la maison d'arrêt, et de sa jeune femme, et, à l'aide d'une tolérance toute spéciale, il put voir s'adoucir en sa faveur les rigueurs de la captivité. Ces relations de prisonnier à gardien avaient pris une tournure tout à fait intime, lorsque Brandicourt dut tout à coup se démettre des fonctions qui furent confiées à un gendarme, à la veille d'être retraité, mais en activité pour quelque temps encore. Il quitta Montdidier, et sa femme alla, dit on, passer quelques jours dans la famille de Lemaire, où elle assista à une cérémonie de baptême. Au retour de cette fête, Madame Brandicourt revint en ville, et voulut faire une visite de bon souvenir au prisonnier. Le nouveau gardien ne crut pas devoir contrarier ce désir, et l'ex-geôlière fut heureuse d'offrir à Lemaire, en guise de consolation, sans doute, un cornet de dragées du baptême. Lemaire est un garçon de vingt-six ans, affectant des allures cavalières, se bouclant les cheveux, chaussant au besoin la botte vernie. Au temps de sa plus grande prospérité, c'est-à-dire quand il avait la bourse bien garnie de l'argent de ceux qu'il dévalisait ou qu'il assassinait (il a fait des aveux), on l'a vu, à Amiens, déguster, au restaurant Defrance, un excellent diner, dans une tenue de dandy irréprochable. Il paya la carte avec un billet de 1.000 francs, trouvé par lui, la veille, dans les poches d'un marchand de chevaux, qu'il avait tué et pillé.

Le lendemain de la visite de la femme Brandicourt, Lemaire, qui s'ennuyait en prison et regrettait les petites douceurs de l'ancien régime, se prit à être malade et demanda médecine. Dans la situation anormale où, par suite il devait se trouver, il eut la liberté de quitter quatre ou cinq fois sa cellule. Vers huit heures du soir, il sollicita une dernière fois l'autorisation de sortir. En ce moment, le gardien Wattebled, occupé à un service de gendarmerie qu'il était tenu de faire encore quelque temps, était absent de la maison d'arrêt, où il avait laissé sa fille âgée de quinze ou seize ans. Lemaire n'ignorait pas cette circonstance et il voulait la mettre à profit.

Ayant obtenu qu'on lui ouvrit la porte, il passa dans la cour, et y fit une assez longue pose, une si longue pose, que la fille du gardien dût l'appeler à plusieurs reprises, et, faute de réponse, aller s'enquérir elle-même de ce qui se passait. Il se passait que Lemaire, à l'aide d'une corde que deux individus lui avaient lancée de la rue, était en train d'escalader le mur d'enceinte. Cette corde ne tenait qu'à un interstice de deux pierres, car les deux complices, effrayés de l'approche d'une personne, s'étaient enfuis, mais elle était encore assez solidement fixée pour supporter le poids du fugitif. La fille du gardien ne se déconcerta point; elle saisit le bout de la corde qui pendait et la secoua si longtemps et si violemment que Lemaire fut forcé de lâcher prise et de dégringoler.

Il fut immédiatement remis sous les verrous, les fers aux pieds, et activement surveillé.

A la suite de cette tentative d'évasion, la femme Brandicourt a été arrêtée, puis, après un interrogatoire, elle a été remise en liberté. Un honorable habitant de Montdidier, qui avait affirmé reconnaître la corde comme ayant été enlevée de chez lui, a dû donner des explications à M. le juge d'instruction.

Cette corde, à ce qu'il paraît, avait été déposée lors du déménagement de Brandicourt, dans un de ses hangars, voisin de la prison, par l'ex-gardien avec quelques meubles, et c'est là qu'elle a été reprise à son insu. Les deux individus, qui l'avaient jetée sur le mur, avaient été vus rôdant dans la journée autour de la prison, et leurs allures les avaient rendus suspects à une personne qui chargea même un jeune garçon de les surveiller. C'est celui-ci qui jeta le cri d'alarme, et les força à s'éloigner au moment où ils hissaient le prisonnier.

Depuis cette époque, Lemaire était l'objet d'une surveillance active de jour et de nuit.

On sait qu'il était homme à tout entreprendre pour recouvrer la liberté, et se soustraire au jugement qui l'attendait. Une autre fois déjà, et peu de jours après son arrestation, il avait tenté de s'enfuir. A cet effet, il avait scié avec un ressort de montre les barreaux de sa cellule; le travail touchait presque à sa fin, quand les surveillants s'en aperçurent et y mirent bon ordre. C'est vers ce temps que le prisonnier se lia d'amitié avec le gardien et sa femme. Grâce aux faveurs dont il fut l'objet, il renonça provisoirement à toute nouvelle tentative d'évasion. Il semblait se complaire dans une captivité adoucie par tant de bienveillance. « J'aurais pu m'échapper cent fois, a-t-il dit, mais je craignais de compromettre Brandicourt. Quelque fois l'idée m'est venue de tuer l'homme et la femme, et de m'ouvrir moi-même la porte de la prison, je ne sais pourquoi je ne l'ai pas fait. »

Une fois Brandicourt et sa femme partis, Lemaire n'a plus eu de scrupules, et a cherché par tous les moyens à s'enfuir. L'escalade du mur n'ayant pas abouti, il a opérée une autre manière, et n'a que trop bien réussi.

Le vendredi 7 mars 1857, vers huit heures, le gardien, faisant sa ronde habituelle dans l'établissement, était arrivé à la cellule de Lemaire, et en avait déjà poussé le verrou du haut, lorsqu'on vint le chercher pour faire une besogne qui paraissait urgente; il s'agissait de comptes à régler. Wattebled rentra en conséquence chez lui, mais il oublia malheureusement de fermer à clef la porte du prisonnier. Ce ne fut qu'une heure après qu'il revint pour continuer sa visite. Arrivé au cachot de Lemaire, il regarda dans l'intérieur et vit des souliers déposés sur le lit; il en conclut naturellement que notre homme était couché. Il donna alors le tour de clef habituel à la serrure, mais il était trop tard.

Lemaire s'étant aperçu tout d'abord qu'il n'était enfermé qu'au verrou, avait passé le bras par la petite lucarne de son cabanon, avait tiré le verrou et ouvert tout doucement la porte; puis, les pieds nus, et tenant d'une main laissée libre depuis quelques jours les chaînes de ses pieds, il avait traversé le couloir et gagné la grande porte de sortie extérieure. Par un hasard fatal, la clef se trouvait en dedans. Le fugitif n'a eu qu'à la tourner pour se trouver libre.

L'évasion s'est ainsi opérée entre huit et neuf heures du soir. Lemaire a dû traverser une partie de la ville, en portant ses fers, sans éveiller l'attention des personnes qu'il a pu rencontrer. On ignore s'il a pu se délivrer de ce lourd appareil avant de se mettre en route pour Vrely, ou si c'est seulement dans la maison qu'habitait ses parents dans cette commune qu'il s'en est délivré. Le gardien Wattebled, qui a été emprisonné, était encore en activité de service, et sa nomination à ses fonctions nouvelles n'avait pas été complètement régularisée. Par une étrange coïncidence, Wattebled occupa la cellule précédemment affectée à Lemaire, qu'il avait laissé s'évader par une fatale inadvertance et dans les circonstances suivantes.

Le samedi 8 mars, vers huit heures du matin, Wattebled en faisant sa tournée habituelle dans les couloirs de la prison, s'était aperçu que la porte de la cellule de Lemaire était entr'ouverte. Il a regardé dans l'intérieur; le prisonnier n'y était plus. Une recherche active a été faite immédiatement dans tout l'établissement, du haut en bas. Point de Lemaire, point de traces de sa disparition. Nul bruit particulier n'avait été entendu pendant la nuit, la porte extérieure de la prison n'avait été ni fracturée, ni forcée; elle se trouvait dans l'état habituel. La fuite paraissait inexplicable, mais elle n'en était pas moins réelle.

Avis de l'évasion a été immédiatement communiqué au parquet du procureur impérial, au juge d'instruction, à la gendarmerie, à la police ainsi qu'à tous les maires et commissaires de police des cantons voisins.

La ville de Montdidier a été fouillée dans tous les coins eti recons; une battue générale a été organisée dans les campagnes environnantes, mais sans succès.

Le signalement de Lemaire a été expédié, dans la journée, à toutes les brigades du département et le télégraphe l'a transmis aux autorités judiciaires des frontières belges.

Il paraissait difficile que le fugitif échappât aux poursuites dont il était l'objet; il se trouvait sans argent. Mais on le croyait capable de recourir aux expédients extrêmes pour se procurer des ressources ou pour défendre sa liberté. Lemaire ne se faisait pas illusion sur la gravité de la peine qui lui était réservée. Ses révélations et ses aveux explicites ne lui permettaient guère d'espérer l'indulgence de la justice. Il le savait, et cette triste conviction lui donnait une énergie sauvage qui ne reculerait devant rien.

Aussi l'émotion a-t-elle été très vive, à Montdidier, à la première nouvelle de l'évènement. La population ne s'est calmée que lorsqu'elle a été convaincue que les mesures les plus promptes avaient été prises pour s'assurer du fugitif, et le mettre, par une poursuite infatigable, dans l'impossibilité de se ménager une retraite dans les centres d'habitation.

Après avoir recouvré sa liberté, Lemaire s'est dirigé du côté de Vrely, où il habitait avant son arrestation et où résidait une partie de sa famille. Il est arrivé dans cette commune, distante de quatre lieues de Montdidier, vers deux heures et demie du matin; après une courte halte dans la maison de ses parents, il s'est remis en route.

Quelques habitants de Vrely ayant reconnu Lemaire ou ayant appris son passage dans la localité, en ont informé immédiatement la brigade de Rosières. A trois heures et demie, les gendarmes de cette résidence étaient à cheval et se lançaient, dans toutes les directions, à la poursuite du fugitif. En même temps, ils faisaient avertir le commandant de Montdidier de la présence de l'assassin dans les communes de leur canton.

Quand le commandant de Montdidier reçut cet avis, vers cinq heures, la nouvelle de l'évasion n'était pas encore connue dans la ville; l'autorité même l'ignorait, car ce ne fut que vers sept heures environ que le gardien de la prison Wallebled, en faisant sa tournée, s'aperçut de la disparition de son prisonnier; à Amiens, la gendarmerie fut informée de l'évènement dans la matinée, de très bonne heure.

Malgré l'activité des poursuites dont il était jour et nuit l'objet, Lemaire n'avait pas encore été dépisté. Il ne paraissait pas même qu'on eût découvert ses traces depuis sa sortie de Vrely. On disait dans le pays que ce redouté bandit avait des accointances intimes avec les contrebandiers et les individus suspects de la contrée, et qu'avec l'aide de leurs concours il pourrait longtemps égarer les recherches. Lors de son départ de la maison d'arrêt, il était sans argent, mais on craignait qu'il n'eût réussi à s'en procurer depuis. On lui a souvent entendu dire, dans sa prison: « Je m'échapperai quand je voudrai, et quant à de l'argent, je n'en manquerai pas. Hugot a toujours gaspillé ce qu'il avait; mais, moi, j'ai fait des économies; j'ai de l'or caché sur toutes les routes, et je saurai bien le retrouver. »

Par une singulière bizarrerie de la nature, un tel malfaiteur qui ne reculait devant aucun crime, qui massacrait à coups de hache deux pauvres vieillards, qui assommait un homme pour avoir sa bourse, et rançonnait tout un canton, un tel malfaiteur manifestait parfois des goûts paisibles presque des instincts d'élégance. Pendant les longues journées de sa captivité, il s'occupait de broderie, faisait des cols, des manchettes, et festonnait des jupons comme une jeune fille. On se passait de main en main, à Montdidier, des échantillons très curieux du savoir-faire coquet de cet assassin de trois ou quatre personnes.

Voici en quels termes le signalement de Lemaire a été transmis de Montdidier aux autorités compétentes, par M. le procureur impérial:

« Agé de vingt ans, taille de 1 mètre 60 centimètres, cheveux et sourcils châtains-clairs, barbe un peu rousse, (il la laissait repousser depuis quinze jours), front haut, yeux gris, nez long, bouche moyenne, menton large, visage assez plein, teint ordinairement coloré, mais pâle depuis quelque temps, larges épaules, un peu voûté.

« Comme il avait les fers aux mains et aux pieds, au moment de son évasion, on suppose que les efforts qu'il a dû faire pour les briser ont pu laisser quelques traces: on pense qu'arrivé à Vrely vers deux heures du matin, il a mis une blouse neuve, et s'est coiffé d'un chapeau blanchâtre.

« Lemaire était sous mandat de dépôt décerné par M. le Juge d'instruction de Montdidier, depuis le 26 mai 1856.

« Messieurs les officiers de police judiciaires sont priés de le faire rechercher, et en cas d'arrestation, de le faire conduire devant le soussigné.

« Montdidier, 8 mars 1857.

« *Le Procureur Impérial,*

« L. LEBRASSEUR. »

A sa sortie de prison, le fugitif, ayant les fers aux pieds et les menottes aux mains, dut descendre avec des difficultés inouïes, une côte très ardue. Après avoir fait environ dix kilomètres de chemin, tantôt marchant, tantôt se traînant, il arriva dans le bois de *Forestel*, et s'y arrêta, à quarante ou cinquante pas environ de la grande route. Il s'assit derrière un buisson épais et se mit en devoir de se dégager de ses entraves. Il commença à entamer ses chaînes avec des ressorts de montre et des limes dont il avait une ample provision et qu'il avait pu dissimuler dans son cachot aux recherches de ses gardiens.

A cet effet, il avait, durant son séjour à la maison d'arrêt de Montdidier, pris l'habitude d'aller matin et soir aux lieux d'aisance, où il avait pratiqué une cachette. Dans cette cachette, il enfouissait, le matin, ses outils, et, le soir, il allait les y reprendre, pour en faire usage, à l'occasion, pendant la nuit. C'est à l'aide de ce stratagème qu'il était parvenu une première fois, comme nous l'avons dit, à scier, sans qu'on s'en fût aperçu, les barreaux de sa cellule.

Lemaire s'était placé à proximité de la route, pour s'assurer si les gendarmes étaient à sa poursuite, car il eut pu les voir passer. Il ne fut pas inquiété dans son travail, et parvint à limer complètement ses chaînes et à s'en délivrer. Cette opération faite, il se remit en marche, et deux heures après, il arrivait à Vrely, portant encore les menottes aux mains. Il frappa à la demeure du nommé Bourse, débitant de boissons, qui avait du être primitivement arrêté sous l'inculpation de complicité dans les crimes reprochés à l'assassin, mais qui avait été relâché plus tard. Bourse ouvrit sa porte, et donna à souper à Lemaire, qui mangea un poisson, but un demi-litre d'eau de-vie et se débarrassa enfin de ses menottes. Le fugitif se rendit ensuite chez ses parents, qui firent, dit-on, quelque difficulté pour le recevoir. Il se revêtit d'une blouse bleue, chaussa des souliers vernis, prit un chapeau gris et disparut.

Depuis ce moment, il était environ trois heures, on paraît ignorer complètement ce que Lemaire est devenu et quel chemin il a pris. Presque tout le monde le connaissait dans le pays et personne n'a pu donner aucune indication sur l'itinéraire qu'il a suivi. On disait qu'un marchand de chevaux avait cru le reconnaître, le dimanche précédent, à la station du chemin de fer d'Albert, et qu'il avait témoigné du fait devant le juge d'instruction.

En quittant l'auberge de Bourse, Lemaire a dit à ce dernier que si l'autorité désirait savoir ce qu'il avait fait de ses chaînes, elle n'aurait qu'à fouiller le bois de Forestel à tel endroit et qu'elle les trouveraient. Effectivement, dans la journée de samedi, les gendarmes envoyés pour opérer des recherches dans le lieu désigné ont découvert les chaînes et les ont rapportées à Montdidier.

Le gardien Wattebled, après avoir subi un interrogatoire, a été remis provisoirement en liberté.

Le mardi 10 mars, vers dix heures environ, la femme Gerain, débitante de boissons à Foucaucourt, canton de Chaulnes, se trouvait dans son auberge avec un domestique de Villers-Bretonneux, qui revenait de Péronne, lorsqu'un individu, couvert d'une blouse bleue, entra et demanda qu'on lui servit sur le comptoir une bouteille de bière qu'il vida en deux traits. Il se fit donner ensuite un demi-kilo de pain, une pinte d'eau-de-vie, et paya le tout avec une pièce de deux francs. Il s'approcha ensuite du feu pour allumer sa pipe.

En ce moment, et dans le mouvement d'extension du bras vers le foyer, la manche de la blouse de cet homme se retira et laissa voir au poignet une plaie résultant évidemment d'une forte ligature. Le domestique, qui était assis près de la cheminée, fut subitement frappé de cette circonstance; il leva les yeux sur l'étranger et reconnut Lemaire, qu'il avait vu plusieurs fois.

Dans la stupéfaction où le jeta cette rencontre imprévue, en pleine nuit et dans une maison qui n'était gardée, en l'absence du mari, que par une femme, le domestique, qui est déjà d'un certain âge, ne songea pas à couper la retraite à l'assassin. Lemaire alluma donc tranquillement sa pipe, et sortit, sans se douter que son identité venait d'être constatée. En sortant de l'auberge, il quitta la route et se dirigea, à travers champs, vers Rainecourt. Il passa le reste de la nuit dans les environs de cette localité, faisant attentivement le guet, car il avait appris que la brigade de Rosières était sur ses traces et faisait d'actives recherches sous la conduite de quelques habitants du pays.

Le lendemain mercredi, le fugitif gagna Herleville et de là Vermandovillers. A la nuit close, mourant de faim et de soif, il se hasarda à entrer dans un débit de boissons de cette dernière commune pour se réconforter. Trois gendarmes l'y attendaient. Ils le saisirent, lui passèrent une menotte à un poignet, et se mirent en devoir de le conduire à Rosières, en se promettant bien de lui faire bonne garde. L'un d'eux offrit même de s'attacher au prisonnier par la menotte laissée libre, afin de lui enlever non seulement la possibilité, mais même la pensée de s'enfuir. Les camarades du prudent gendarme ne jugèrent pas que cette précaution *in extremis* fût absolument indispensable. Le plus vigoureux des trois se saisit de la chaine, se l'enroula autour du poignet et en fixa solidement l'extrémité dans sa main fermée.

Trois minutes après, Lemaire était libre...

Profitant de l'éloignement de deux gendarmes qui étaient allés chercher leurs chevaux, le prisonnier, d'un coup de coude et d'épaule, culbutait son unique gardien, le renversait dans un fossé, le forçait à lâcher prise, puis il gagnait les champs, toujours la chaine aux mains, avec une agilité prodigieuse.

En un clin d'œil, tout le village fut sur pied; les habitants se joignirent aux gendarmes et fouillèrent les alentours dans les coins et recoins. Toutes les perquisitions n'aboutirent à rien. Lemaire n'avait laissé de traces nulle part. On ne put que constater le regrettable succès de son hardi coup de main.

Depuis ce jour les investigations n'ont pas discontinué; elles se poursuivirent avec le concours de la population, aussi stupéfaite de l'audace de l'assassin, qu'alarmée de sa longue présence au milieu d'elle.

Au moment de son arrestation, Lemaire était armé d'un couteau-poignard qui lui a été enlevé.

Le fugitif continua ses pérégrinations à travers les communes des cantons de Chaulnes et de Rosières. Le dimanche 15 mars, il était vu à Lamotte-en-Santerre, à la nuit tombante, mais il ne fit qu'une courte halte dans cette localité.

On s'expliquait difficilement comment, étant connu de toute la population de ces contrées, il eût réussi à déjouer les recherches actives dont il était l'objet depuis son évasion. Pendant trois semaines, il ne cessa de tenir en haleine les brigades de gendarmerie de trois arrondissements, qu'il mit littéralement sur les dents par ses marches et contre-marches. Traqué de jour et de nuit, sans trêve ni merci, il mena, pendant toute la durée de son évasion, l'existence d'une bête fauve; il sut déjouer les poursuites avec une habileté et un succès véritablement extraordinaires.

Lemaire après de nombreuses excursions dans presque tous les cantons de l'arrondissement de Montdidier rentra à Vrely. Il s'y tint caché pendant une semaine entière. Le samedi suivant, des gendarmes qui traversaient le village, aperçurent vers deux heures de la nuit de la lumière dans la maison habitée par la grand-mère du fugitif. Cette circonstance éveilla leur attention; ils mirent pied à terre et frappèrent à la porte, mais on refusa de leur ouvrir; ils insistèrent avec plus d'énergie, supposant que l'assassin pouvait être dans la maison; on se décida après quelques instants à les introduire. L'habitation fut fouillée dans tous les coins et recoins, les meubles furent visités, le sol et les murs sondés avec une scrupuleuse précaution: point de traces de Lemaire. Mais, en pénétrant dans un fournil donnant sur la campagne, les gendarmes constatèrent qu'on avait récemment démoli un mur en briques, de façon à donner passage à un homme. Selon toutes probabilités, si l'assassin s'est trouvé dans la maison au moment de l'arrivée des gendarmes, il aura pris la fuite par l'ouverture pratiquée et aura facilement gagné les champs. On crut que Lemaire était revenu dans son pays avec l'espoir qu'il pourrait se soustraire plus aisément que partout ailleurs aux poursuites dont il était l'objet. Il avait des parents dans le village et comptait sur l'hospitalité de quelques habitants. Il était malheureusement trop certain que cette hospitalité ne lui faisait pas toujours défaut.

Quand l'assassin était pressé par la faim ou par la soif, ce qui devait lui arriver très souvent dans l'existence vagabonde qu'il menait, il entrait dans une maison, se faisait connaitre s'il le jugeait à propos, et demandait à manger et à boire. Il déclarait qu'il n'avait aucune intention de mal faire, mais il exigeait que, durant son repas, personne ne sortit, de peur sans doute qu'avis de sa présence dans le lieu ne fût donné à l'autorité. Après s'être réconforté et s'être assuré qu'il n'était pas guetté à l'intérieur, Lemaire sortait et poursuivait sa route.

Depuis quelques jours, l'autorité avait été informée que l'assassin était retourné à Vrely et qu'il s'y tenait caché. Le mardi 24 mars, dans la matinée, le lieutenant de la brigade de Rosières reçut avis que Lemaire était réfugié dans une grange située en cette commune sur la route de Caix, et isolée du reste des habitations.

Les indications très précises cette fois semblaient provenir de bonne source. Les gendarmes partirent aussitôt pour Vrely, en prenant par la plaine; ils se divisèrent, de manière à pouvoir, en se rapprochant isolément, cerner la grange et ôter à l'assassin la possibilité de s'enfuir sans être aperçu. En même temps, ils firent avancer vers la même direction, mais par une route de traverse, la voiture du convoyeur Séret, qu'ils avaient requise, et qui devait servir, dans le cas de l'arrestation, à transporter le prisonnier. Après avoir battu la campagne en se resserrant insensiblement, les gendarmes arrivèrent presque en même temps que la voiture devant le lieu désigné.

Il était midi précis. Ils pénétrèrent dans l'intérieur, et commencèrent, la baïonnette en avant, des fouilles minutieuses, dans des tas de paille et de foin amoncelés sur le sol. Les perquisitions se poursuivaient depuis quelques instants sans résultat, quand le gendarme Corbi aperçut un trou assez large pratiqué au milieu de quelques bottes de paille. Il se pencha et crut reconnaître dans le fond une ombre vague et immobile. Sans hésiter, il se précipita dans ce gouffre qui n'était certes pas sans présenter quelque danger latent, et tomba juste, à pieds joints, sur un individu accroupi. C'était Lemaire.

Toute tentative d'évasion était impossible; les six gendarmes, isolés dans la grange et à l'extérieur, étaient déjà accourus en aide à leur camarade, et le bandit, solidement appréhendé au corps et par les quatre membres, n'avait plus l'usage du moindre de ses mouvements. Il dût se résigner à se laisser conduire.

En un clin d'œil Lemaire fut garotté avec un luxe de chaînes inouï, mais que ne justifiait que trop sa force et son habileté éprouvées.

Il était vêtu d'un pantalon brun, d'une blouse bleue, et d'une casquette de drap de couleur foncée. Les gendarmes fouillèrent scrupuleusement toutes ses poches et les doublures de ses vêtements; ils y trouvèrent un foulard de soie, une somme de trois francs et deux petites scies en acier, destinées à couper le fer. L'assassin n'avait pas d'armes sur lui, et on ignorait s'il n'en avait pas caché dans la paille de son gîte.

Au moment de porter le prisonnier dans la voiture qui l'attendait au dehors, le gendarme Corbi remarqua que Lemaire tenait une de ses mains obstinément fermée; il lui ordonna de l'ouvrir; le prisonnier s'y refusa prétendant que ce qu'il gardait si opiniâtrement n'importait pas à la justice, et qu'il désirait qu'on le lui laissât. Néanmoins, il dut céder et livrer les objets qu'il dérobait aux dernières recherches. C'était une bague et une mèche de cheveux! On présume que l'une et l'autre avaient été données en souvenir à l'assassin par une femme avec laquelle il a été en rapport pendant sa détention à la prison de Montdidier.

Nous avons dit que Lemaire s'était laissé saisir sans résistance, nous pourrions ajouter que son énergie habituelle lui a fait défaut dans cette grave circonstance. Quand on l'a retiré de la paille, il a visiblement pâli, ses jambes ont faibli, et il s'est affaissé sur lui-même.

Il était midi un quart environ quand l'assassin a été hissé sur la voiture, qui s'est mise en route pour Rosières, escortée par toute la brigade.

Chemin faisant, Lemaire s'est remis peu à peu de sa première émotion; il a répondu avec netteté aux diverses questions qu'on lui adressait, et a même raconté, dans les détails les plus minutieux, son évasion de la maison d'arrêt de Montdidier. Il s'est échappé, a-t-il dit, par la porte de sa cellule. Le verrou d'en haut seul était fermé à la clef; il a passé la main par le guichet, et, à l'aide d'un fil de fer formant crochet, il a ouvert la serrure. Quant au verrou d'en bas, qui n'était que poussé, comme son bras ne pouvait l'atteindre, il s'est servi de son mouchoir, enroulé en corde, pour le tirer. Une fois hors de son cabanon, il a pris ses chaines des pieds dans ses mains, et s'est dirigé, à pas de loup et sans souliers, vers la porte extérieure; il a dû passer à un mètre environ de la loge du gardien; la clef était en dehors, il en a profité et gagné les champs. Arrivé au bois du Forestel, il a rongé ses menottes avec ses dents, et s'en est débarassé après un travail d'une horrible difficulté.

Lemaire est entré ensuite dans le récit très circonstancié de ses nombreuses pérégrinations dans l'arrondissement de Montdidier. Il a expliqué comment il s'était échappé des mains d'un des gendarmes qui l'avaient arrêté à Vermandovillers, dans la soirée du 11 mars: par un coup de tête et de pied très vigoureux lancés dans la poitrine et les jambes de son gardien, il l'avait renversé dans un fossé, et, tirant avec force sur ses menottes, l'avait contraint à lâcher prise. Le choc avait été si violent qu'il en avait eu le poignet meurtri et disloqué. Quant au gendarme, victime de cet audacieux tour de main, il a été blessé, et, pendant plusieurs jours, il ne put faire usage du pouce de la main droite.

Après sa délivrance, Lemaire s'est hâté de se débarrasser de ses menottes qu'il a laissées dans un bois de Lihons-en-Santerre. Comme la lutte l'avait mis en appétit, il est allé se restaurer, vers huit heures, dans une auberge de Foucaucourt. Quelques jours plus tard, il s'est avancé jusqu'à Lamotte-en-Santerre, à cinq lieues d'Amiens, et est allé demander l'hospitalité à un sieur Bontemps, dont il avait été jadis sur le point d'épouser la fille. Bontemps l'a accueilli, hébergé et couché. Lemaire a passé chez lui une nuit entière à boire et manger. A cinq heures du matin, sans avoir été vu de personne dans le village, il a gagné la campagne conduit par son hôte imprudent.

Depuis, Bontemps, a été arrêté et détenu en prison.

En quittant Lamotte-en-Santerre, Lemaire était retourné à Vrely; il déclara qu'il voyageait jour et nuit, mais l'œil au guet et prêt à tirer parti, en cas de besoin, de sa parfaite connaissance des localités qu'il traversait. Sur la question qu'on lui a faite pour quelle raison il était revenu dans sa commune où il pouvait être l'objet de dénonciations quotidiennes, il a répondu:

— Je suis allé à Vrely parceque j'espérais qu'il me serait possible de me procurer un passeport, et j'allais y réussir; deux jours plus tard, et vous ne m'auriez jamais pris, je passais à l'étranger.

On lui a demandé quel accueil lui faisaient ses parents.

— Mon père, a-t-il dit, m'a conseillé d'en finir avec la vie, et de boire à cet effet quelques litres d'alcool; moi, j'ai refusé, parce que j'espère n'en avoir que pour les travaux forcés à perpétuité. Il y en a dans la bande qui sont plus coupables que moi.

Lemaire n'a pas fait toutefois de dénonciations.

La nouvelle de l'arrestation de Lemaire était connue à Rosières avant l'arrivée du prisonnier, aussi la foule était-elle considérable devant la caserne de gendarmerie où une halte devait être faite.

Après quelques instants de repos, on s'est remis en route pour Montdidier.

Une heure avant d'entrer dans la ville, la brigade qui conduisait Lemaire, avait fait donner avis de l'évènement au lieutenant de gendarmerie et au parquet. En moins d'un quart d'heure, toute la population était avertie et se portait à la rencontre du redouté bandit. La voiture a dû traverser une immense foule, qui demandait à hauts cris que Lemaire parcourût les rues à pied, en expiation de la terreur qu'il avait si longtemps répandue.

A quatre heures, la porte, bien et dûment verrouillée d'un cachot à toute épreuve, se refermait sur le prisonnier, et les gardiens recevaient l'ordre sévère de ne point perdre de vue de toute la nuit les serrures de la cellule.

Le mercredi à huit heures, Lemaire a été extrait de la maison d'arrêt de Montdidier pour être transféré à Amiens. Il est monté, ou plutôt il a été porté sur une charrette découverte, attelée d'un cheval. Des précautions plus minutieuses peut-être encore que la veille ont été prises pour s'assurer de tous ses mouvements. Il avait déjà les chaînes aux mains, les poucettes aux doigts, les chaînes aux pieds; on lui a passé une quatrième chaîne autour du corps enserrant les bras; enfin, à l'aide d'une cinquième chaîne qui lui prenait le bras gauche, on l'a attaché par un crampon à la charrette.

Au moment de sortir de la cour de la prison, Lemaire a entendu les cris de la foule à l'extérieur.

— Je ne veux pas qu'il me voient, a-t-il dit, je vais me coucher sur la planchette.

Et, en effet, il s'est étendu. Mais le gendarme Corbi l'a fait lever et s'est assis près de lui; le maréchal-des-logis Baudouin et un troisième gendarme ont pris également place dans la charrette. Un gendarme à cheval s'est rangé derrière.

C'est dans cet appareil que le convoi s'est mis en route, et qu'il est arrivé à Amiens à une heure de l'après-midi.

Malgré la pluie qui tombait en abondance, une foule considérable emplissait la rue de Noyon, la Place St-Denis, la rue St-Denis, les abords du Palais de justice. Toutes les fenêtres étaient garnies de curieux, comme s'il se fût agi d'un spectacle extraordinaire. On cherchait à découvrir dans la physionomie de Lemaire quelques signes extérieurs de sa nature perverse et scélérate. Mais, sur le visage et dans l'allure de cet homme, rien ne trahissait l'auteur de trois ou quatre assassinats, commis avec les circonstances de la plus révoltante férocité.

Lemaire est de taille moyenne, son visage pâle, encadré de favoris châtains, accuserait plutôt un caractère bienveillant que des instincts de cruauté; l'expression de son regard n'a rien de dur, et sa contenance devant la foule a été plutôt celle d'un criminel résigné que celle d'un fanfaron qui se donne en spectacle.

Arrivé à la porte de la prison, Lemaire a été descendu de la charrette et déposé dans sa cellule pour y attendre le jugement qui décidera de son sort. Les mesures les plus rigoureuses ont été prises pour que Lemaire, au jour fixé, se trouve à la disposition de ses juges. Il a été conduit dans une cellule, située au milieu de l'établissement et au premier étage donnant sur la cour intérieure. Il était très faible, pâle et fortement ému. On l'a délivré d'une partie de ses chaines, désormais inutiles. Il s'est couché dans un coin de son cabanon, sans mot dire. Comme il grelottait de froid, on est allé lui chercher une couverture de laine dont il s'est enveloppé.

Dans le courant de la journée, Lemaire a pris son repas, et, remis enfin de ses fatigues et de ses émotions, il s'est entretenu avec ses gardiens, leur racontant, avec détails, son évasion de Montdidier et les divers épisodes de ses courses dans les communes de l'arrondissement.

A trois heures environ, Lemaire a reçu la visite de l'abbé Douilliez, aumônier des prisons, qui était déjà allé le voir dans la maison d'arrêt de Montdidier. Le respectacle ecclésiastique a été frappé de l'altération profonde qu'avait subie la physionomie du prisonnier. Il a eu de la peine à le reconnaitre.

Durant sa première détention, Lemaire avait le visage coloré et frais, l'œil brillant, les cheveux longs et bouclés avec soin, retombant sur le cou, la barbe châtain, peignée avec un certain art. Aujourd'hui, sa figure porte l'empreinte d'une longue souffrance, ses traits sont amaigris, son regard presque sans vie, ses cheveux coupés ras, et ses favoris, taillés d'une façon irrégulière, sont devenus presque fauves. Du reste, Lemaire est de taille avantageuse, d'une corpulence solide et d'une vigueur peu commune. Son agilité est phénoménale. On raconte, à Vrely, des faits étranges qui attestent chez lui une souplesse et une force musculaire extraordinaires.

Lemaire escaladait un mur, quelqu'élevé qu'il pût être, en s'accrochant aux pierres; il pouvait atteindre jusqu'au premier étage d'une maison, en s'aidant des plus légères anfractuosités de la muraille; un jour il est monté, en manière de plaisanterie, jusqu'au sommet de l'église de son village, par l'extérieur du bâtiment, et rien qu'en s'aidant de ses pieds et de ses mains.

Une particularité remarquable de sa personne, c'est la forte constitution de ses mains et surtout leur largeur en disproportion flagrante avec ses autres membres. Quant à l'ensemble de sa physionomie, elle révèlerait plutôt la bienveillance que la scélératesse. Tant il est vrai que souvent rien ne ressemble plus à un honnête homme qu'un bandit.

L'évasion de Montdidier n'est pas la première que Lemaire ait accomplie. A l'âge de dix-sept ans, il était détenu à la maison centrale de Loos pour y purger une condamnation à cinq ans de détention, quand, un beau jour, il réussit à tromper la vigilance de ses gardiens et à s'enfuir. Il ne fut repris que plusieurs semaines après. On voit que ce hardi malfaiteur est coutumier du fait.

Bien que l'espèce d'intérêt qui s'attachait aux diverses péripéties de l'évasion de Lemaire eut cessé avec son arrestation, la curiosité publique éveillée par les nombreux détails que donnaient les journaux, était loin d'être satisfaite, quoique ce malfaiteur fameux fût sous les verrous.

Après son entrée à la prison d'Amiens, Lemaire reprit la tranquillité qu'il avait toujours conservée dans la prison de Montdidier. Il paraissait être tout à fait à l'abri des graves préoccupations qui sembleraient résulter des accusations dirigées contre lui. Nous avons dit qu'il répondait naguère à son père qui l'engageait à se suicider:

— Je ne veux pas me faire mourir, car je n'ai pas à craindre un grand châtiment; il y en a d'autres plus coupables que moi dans la bande.

Le prisonnier conservait encore ces mêmes sentiments et ces mêmes espérances. Il niait du reste avoir participé comme acteur ou complice, aux divers assassinats que lui imputaient l'opinion publique et les déclarations de Hugot.

— Je suis un voleur de profession dit-il, j'ai pillé et volé, tant que j'ai pu; mais je n'ai jamais tué personne et je ne mérite pas le dernier supplice.

Lemaire, comme on sait a été enfermé dans une cellule située au premier étage et au milieu de la prison. Cette cellule prenait jour par une croisée donnant sur un préau, et par un petit guichet pratiqué dans la porte, d'une épaisseur énorme et d'une force de résistance à toute épreuve. Elle avait de huit à dix centimètres d'épaisseur.

Deux fois par jour, le détenu était conduit par un gardien, exclusivement attaché à sa personne, dans une petite cour où il se promenait environ une demi-heure, à peu près libre de fers. Il causait alors assez volontiers, et on remarquait qu'il abordait de préférence le chapitre de sa fuite de Montdidier et celui de son arrestation à Vermandovillers.

Lemaire était le seul des neuf individus, hommes ou femmes, emprisonnés pour les mêmes crimes, qui fût enfermé étroitement et gardé à vue dans un cabanon.

La nouvelle de la prise de Lemaire se répandit avec une rapidité étonnante dans toutes les communes du Santerre. Tout le monde poussa un profond soupir de soulagement; l'effroi avait été tel dans cette partie du département que, dès que l'on se trouvait en présence d'un étranger, on croyait avoir affaire au bandit de Vrely; les plus timorés n'osaient plus se rendre dans les champs et encore moins dans les bois.

On s'accordait généralement à reconnaître, que s'il s'est rendu assassin, c'est à l'instigation de son oncle Villet, la véritable tête de l'association qui, pour donner plus de courage à son neveu, le faisait boire outre mesure lorsqu'un crime devait être commis.

Après une instruction qui dura plus de dix-huit mois, le jury de l'Aisne fut appelé à statuer sur le sort des malfaiteurs qui, pendant des années entières ont jeté la terreur sur les confins des départements de la Somme et de l'Aisne; la liste des témoins à charge était de cent trente-six.

Dans la première audience, qui eut lieu le 4 novembre 1857, lecture fut donnée de l'acte d'accusation, qui formait un volume de près de 70 pages grand in-4°, et dont la lecture n'a pas duré moins de quatre heures. Cinquante-sept chefs d'accusation étaient relevés contre les prévenus, mais ce chiffre était bien au-dessous de la réalité si l'on en croit Lemaire, qui déclara au tribunal que plus de dix mille vols avaient été commis depuis dix ans par la bande dont il faisait partie; Prosper Villet, ajouta-t-il, voulait mettre le feu à tout le pays.

L'association de malfaiteurs qui désolait ainsi le Santerre comptait parmi ses membres:

1. Ferdinand-Henri Lemaire, journalier, né le 17 septembre 1832, à Vrely, y demeurant.

2. Pierre-Joseph Hugot, manouvrier, né le 12 avril 1820, à Vrely, y demeurant.

3. Henri-Clovis Bourse, sans profession ni domicile fixes, né le 25 mai 1809, à Rouy-le-Petit.

4. Pierre-François-Hippolyte Villet, voiturier, né le 15 janvier 1806, à Vrely, y demeurant.

5. Pierre-Louis-Prosper Villet, ancien garçon-limonadier, né le 28 décembre 1833, à Vrely, y demeurant.

6. Jean-Baptiste Villet, cultivateur et voiturier, né le 27 août 1814, à Vrely, y demeurant.

7. Victorine Lemaire, femme de Pierre-François-Hippolyte Villet, née le 8 mars 1807, à Vrely, y demeurant.

8. Marie-Amélie-Félicie Villet, sans profession, née le 15 mars 1837, à Vrely, y demeurant.

9. Marie-Alexandrine Thuillier, femme de Joseph Hugo, née le 25 mars 1831, à Vrely, y demeurant.

10. Prosper-Louis Pillot, né le 20 juin 1825, à Vrely, charpentier, y demeurant.

11. Jean-Baptiste Rabache, briquetier, né le 21 juillet 1817, à Vrely, y demeurant.

12. Auguste-Théophile Prévost, dit *Mongros*, tricoteur, né le 24 février 1819, à Harbonnières, y demeurant.

13. Pierre-François Caron, dit *Tarot*, marchand de peaux de lapins, né le 15 mars 1804, à Méharicourt, y demeurant.

14. Pierre-Omer Fournier, dit *Pépin*, fabricant de bonneterie, né le 8 septembre 1814, à Rosières, y demeurant.

Il nous a paru intéressant de reproduire ici le portrait moral de chacun des quatorze inculpés tel qu'il résulte de l'acte d'accusation.

I. Traduit en cour d'assises à l'âge de dix-sept ans, sous l'accusation de neuf vols qualifiés, est condamné à cinq ans de réclusion, Henri Lemaire s'est acquis une triste célébrité par le nombre de ses crimes et l'audace de ses évasions. Hardi contrebandier, aucune entreprise ne lui paraissait impossible ou trop difficile à réaliser: le danger l'attirait: plus d'une fois il s'est endormi dans les maisons mêmes où il commettait des vols. Doué d'une agilité et d'une force peu communes, Lemaire se chargeait de frapper les victimes.

« J'en tuerais un mille comme ça sans y penser » disait-il après l'assassinat commis à Blérancourt sur la personne de Deschamps. Perdu par la débauche et la paresse, passionné pour le jeu, il dépensait en orgies les sommes considérables que le crime lui procurait.

II. Joseph Hugot n'a jamais été repris de justice, et cependant on doit le ranger aussi parmi les plus dangereux malfaiteurs. A l'aide d'une petite enclume de faucheur, il pratiquait des trous dans les murailles les plus épaisses, et pénétrait ainsi dans les maisons. Voyant dans l'obscurité comme en plein jour, il maniait avec une incroyable dextérité un énorme trousseau de fausses clefs. Aucun obstacle ne l'arrêtait dans la perpétration des vols. « Quand il ne réussis- » sait pas, dit Lemaire, il était plus enragé qu'a- » vant: il aurait commis dix vols dans une nuit. » Il ne reculait pas non plus devant l'assassinat. « S'il faut assommer les gens, s'écriait-il lors d'un » vol projeté, on les assommera. » Hugo hantait les cabarets et s'adonnait au jeu comme Lemaire. Moins prodigue que lui cependant, il s'est, du produit de ses vols, construit une maison.

III. Pour Bourse, deux mots suffisent. Il a quarante-sept ans: il a passé trente ans dans les prisons: sur ses traits sont empreintes l'ignominie du crime et la flétrissure de tous les vices.

IV Hippolyte Villet a été tour à tour employé aux écuries du maréchal duc de Raguse, palefrenier aux gardes du corps, soldat aux chasseurs de la garde royale. Dans l'exercice de ces diverses professions, son naturel astucieux et cupide se développait en même temps qu'il y acquérait une dangereuse habileté. Fertile en expédients, il montrait une prétention à la connaissance des affaires et au beau parler qui lui a valu dans son pays le surnom de *Procureur*. L'indomptable énergie de son caractère et sa duplicité lui assurèrent sur Hugot et Lemaire un ascendant tel que ces deux hommes lui obéissaient en aveugles, et lui faisaient, quoique absent, une part dans le produit de tous leurs crimes.

Villet a adopté un système de dénégation dont il ne s'est jamais départi, malgré les aveux de ses complices, et les charges les plus accablantes.

Atteint d'une légère surdité dont il abuse avec une adresse consommée, il ne répond jamais directement à une question. Au magistrat qui lui oppose une preuve évidente de culpabilité, il dit avec emphase: « Quand vous m'amèneriez les » sept sages de la Grèce et tous les magiciens de » l'Égypte, il ne s'en trouvera pas un pour dire » qu'il m'a vu tel jour à tel endroit. »

Parfois sa nature irascible reprend le dessus, et il répond aux accusations nettement précisées contre lui par Hugot, en s'écriant: « Tu n'es qu'un » assassin. Ta tête appartient à Jupiter... quand » tu en aurais sept, elles sont toutes la propriété » du Gouvernement. »

Confident des crimes commis par Hugot, Lemaire et Bourse, il ouvrait sa maison à ces malfaiteurs qui, à toute heure de jour et de nuit, étaient certains d'y trouver un asile, des conseils, et au besoin les instruments nécessaires pour commettre leurs attentats contre les personnes et leurs criminelles tentatives contre les propriétés.

Villet était l'effroi des honnêtes gens de son pays. Nul n'aurait osé le signaler à la justice. Depuis qu'il est détenu, c'est à peine si les témoins osent parler. « Je m'arrête, disait l'un » d'eux au juge d'instruction, et vous prie de ne » pas consigner ce que j'avance, parce que je » pourrais bien être assassiné. »

Tel est Villet, telle l'instruction nous montre toute sa famille.

V. La femme Villet n'était point de celles qui, sous l'empire de la crainte, sont forcées de tolérer les crimes et les désordres de leurs maris. Elle encourageait au contraire Hugot et Lemaire que Bourse appelle les *hommes* d'Hippolyte Villet. « Marche Henri, disait-elle à Lemaire, marche » toujours, seulement ne fais pas trop de dépen- » ses, de peur d'éveiller l'attention de la justice. » Une autre fois elle lui disait: « Coupe tes mous- » taches, car l'on prétend que l'un des assassins » de Blérancourt en portait. »

Complice des crimes de son mari et de ces habitudes de recel, elle s'employait surtout à dénaturer les objets volés, démarquait le linge, coupait les draps pour les refaire, transformait les étoffes en vêtements de toute espèce, et quand, dans l'instruction, les témoins reconnaissent leur propriété aux signes les plus certains, toujours prête au mensonge, c'est encore elle qui leur oppose les dénégations les plus audacieuses et les plus invraisemblables.

VI. Prosper Villet joint à la nature énergique, irascible et astucieuse de son père, une véritable intelligence que le séjour de Paris, où il a servi comme garçon de café, paraît avoir complètement pervertie. Imbu des idées les plus subversives, il s'écriait dans la prison de Montdidier: « Nom de Dieu, quand reviendra 93? Je tirerai la ficelle. » On ne s'étonnera pas de voir Prosper Villet devenu voleur et incendiaire.

VII. La fille Félicie Villet qui n'avait trouvé dans sa famille que les plus détestables leçons, paraît avoir pris — l'instruction ignore à l'aide de quels moyens — un véritable ascendant sur Hugot et sur Lemaire. Tourmentée de l'idée d'aller à Paris, c'est à eux qu'elle s'adressa pour se procurer les vêtements et l'argent qui lui manquaient. Ses désirs étaient pour eux des ordres, et les vols indiqués par elle furent ponctuellement exécutés. Quand elle partit, linges, robes, argent, elle n'emporta rien qui n'eût été volé pour elle et par ses conseils. A Paris, elle ne vécut que de prostitution. Elle-même est obligée de reconnaître que, chaque soir, elle se livrait à des hommes que lui procurait une femme de mauvaise vie que le hasard lui fit rencontrer. Bientôt signalée comme une fille publique du plus bas étage, elle fut, pour faits d'inconduite, renfermée dans la prison de Saint-Lazare, qu'elle n'a quittée que pour passer dans celle d'Amiens. Sa tenue dans l'information a plusieurs fois dépassé toutes les bornes du cynisme.

VIII. Jean Villet est le cousin d'Hippolyte qui l'a perdu par ses mauvais conseils. Sous cette pernicieuse influence il quitta tout travail pour se livrer à la débauche. Jean convoitait la succession de Chrétien, son beau-frère. Poussé par Hippolyte, il résolut la mort de Chrétien et chercha des meurtriers à prix d'argent. N'en pouvant pas trouver, il puisa dans le contact et les exhortations d'Hippolyte Villet qu'il s'associa pour ce crime, l'énergie nécessaire pour devenir lui-même un assassin.

IX. La femme Hugo est, comme la femme Villet, une recéleuse. Présente à toutes les réunions qui avaient lieu chez Hippolyte Villet, et prenant sa part des repas par lesquels on célébrait la réussite des entreprises les plus criminelles, elle n'ignorait point la conduite des Villet, de Lemaire et de son mari, qui, d'ailleurs, passait la plupart des nuits hors de son domicile. Elle s'est volontairement associée aux crimes commis par ce dernier, et aux profits de toute nature qui en résultaient pour sa maison.

X. Rabache a été condamné par la cour d'assises de la Somme à trois années d'emprisonnement pour vols. Il a subi, en outre, deux condamnations correctionnelles. C'est un rôdeur de nuit. Paresseux et capable de tout, il parcourait les communes sous prétexte de réparer des horloges, mais, en réalité, pour chercher les occasions de voler. Sa femme a dû le quitter parce qu'il la forçait à mendier son pain, et qu'il ne voulait se livrer personnellement à aucune espèce de travail. Rabache, sous des apparences chétives, est un homme violent et irascible. Lors d'une confrontation avec Hugot, il fut pris d'un tel accès de fureur, qu'on dut l'emporter hors du cabinet d'instruction.

XI. Caron dit *Tarol* a, comme Rabache, subi deux condamnations correctionnelles. C'est un recéleur et un ami de Hugo. Son prétendu commerce de peaux de lapins lui permettait de voyager de commune en commune, et de fréquenter les cabarets où il escroquait l'argent des consommateurs à des jeux de hasard. Il vit depuis longtemps dans la paresse et l'oisiveté.

XII. Prévost dit *Mongros* hantait les foires et les marchés des environs d'Harbonnières, où il tenait des loteries. C'est là qu'il a connu Joseph Hugot, et qu'ils se sont liés à ce point, dit un témoin, qu'ils manifestaient être deux intimes amis.

Il a reçu de Hugot des sommes provenant d'origine frauduleuse, et l'a aidé dans la perpétration de plusieurs vols commis dans des maisons que lui-même avait indiquées.

XIII. Prosper Pillot a recélé des objets volés par Hugot. C'est un ami de Lemaire dont sa sœur la femme Desachy, était la maitresse. Ils se voyaient tous fréquemment, et la maison isolée qu'habite Pillot, dans la commune de Laboissière, servait souvent de lieu de réunions et de débauches.

XIV. A côté de ces malfaiteurs, vient s'asseoir un homme qui est à la tête d'un établissement de quelque importance. L'information signale Fournier Pépin comme un recéleur de profession. C'est à lui que s'adressaient tous ces gens sans aveu qui faisaient le commerce de laines volées dans les fabriques par les ouvriers, et sa fortune actuelle parait n'avoir point d'autre origine que ce trafic. Lorsque Villet lui vendit les laines soustraites à Bouchoir, Fournier lui demanda de lui en procurer une plus grande quantité. « Il lui » dit de remplir sa voiture de balles de laines, » volées chez les fabricants d'Arvillers ou d'Hangest, qu'il était tout disposé à les lui acheter. »

La justice devait, au jour de l'expiation, confondre Fournier Pépin avec les hommes auxquels il n'a pas craint de s'associer.

Après lecture faite du portrait des quatorze inculpés, le greffier détaille la longue série des crimes qui leur sont imputés et dont nous donnons le résumé suivant :

En 1852

1. Vol Bourse à Vrely, 27 juin, par Hugot et Prosper Villet.

2. Incendie à Vrely, septembre, par Hippolyte Villet.

3. Incendie à Wiencourt-l'Équipée, septembre, par Prosper et Hippolyte Villet.

4. Assassinat à Vrely, 30 septembre, par J.-B. et Hippolyte Villet.

En 1855

5. Vol Cassex à Parvillers, février, par Hugot.

6. Vol Leblanc à Lignières 6 juin, par Hugot.

7. Vol Credoz à Mailly-Raineval, 16 juin, par Hugot.

8. Vol Legros à Rouvroy, 25 juin, par Hugot.

9. Vol Maréchal à Beaucourt, 17 juillet, par Hugot.

10. Vol veuve François à Harbonnières, 22 juillet, par Hugot et Rabache.

11. Vol Hévin à Thory, 2 août, par Hugot et Rabache.

12. Vol Bouton à Montdidier, 21 août, p^r Hugot.

13. Vol Lejeune à Marcelcave, 10 septembre, par Hugot et Lemaire.

14. Vol Bocquet à Lignières-lès-Roye, 12 septembre, par Hugot et Lemaire.

15. Vol Develenne à Davenescourt, 13 septembre, par Hugot et Lemaire.

16. Vol Sénéchal à Vauvillers, 15 septembre, par Hugot et Lemaire.

17. Vol Vieille à Rosières, 17 septembre, par Hugot.

18. Vol Blondin à Rosières, 18 septembre, par Lemaire et Hugot.

19. Vol Caux à Bayonvillers, 20 septembre, par Lemaire et Hugot.

20. Vol Dhallu à Lihons, 21 septembre, par Lemaire et Hugot.

21. Vol Legendre à Caix, 23 septembre, par Hugot et Lemaire.

22 Vol Lesage à Plessier-Rosainvillers, 27 septembre, par Hugot et Lemaire.

23 Vol Lefebvre à Fresnoy-en-Chaussée, 28 septembre, par Hugot et Lemaire.

24. Vol Bette à Esclainvillers, 28 septembre, par les mêmes.

25. Vol Joron à Esclainvillers, 28 septembre, par les mêmes.

26. Vol Fournier à Roquencourt, 29 septembre, par les mêmes.

27. Vol Mouquet à Framerville, 3 octobre, par les mêmes.

28. Tentatives de vol Delaire et Prévost à Folies, 8 septembre, par les mêmes.

29. Vol Bron à Rouvroy, 9 octobre, par les mêmes.

30. Vol Fortin à Bétencourt, 12 octobre, par Bourse, Hugot et Lemaire.

31. Vol Mohr à Ham, 12 octobre, par les mêmes

32. Vol chez une fripière à Chauny, 12 octobre, par les mêmes.

33. Vol Marc à Babœuf, 13 octobre, par les mêmes.

34. Vol Croquet à Abancourt, 15 octobre, par Hugot et Lemaire.

35. Vol Sénéchal à Breteuil, 16 octobre, par les mêmes.

36. Vol Alavoine à Saint-Just, 18 octobre, par les mêmes.

37. Vol Vilrotte à Lihons, 22 octobre, par Hugot

38. Vol veuve Desmaison, à Harbonnières, 25 octobre, par Hugot et Rabache.

39. Vol veuve Bazin à Puzeaux, 25 octobre, par Hugot et Lemaire.

40. Vol Leclercq à Pottes, 25 octobre, par les mêmes.

41. Vol Duclos à Saint-Christ, 26 octobre, par les mêmes.

42. Vol Couet à Mons-en-Chaussée, 26 octobre, par les mêmes.

43. Vol Bourgeois à Mons-en-Chaussée, 26 octobre, par les mêmes.

44. Vol Caumont à Bray, 27 octobre, par les mêmes.

45. Vol Richard à Hyencourt-le-Petit, 29 octobre, par les mêmes.

46. Vol Lequeux à Puzeaux, 29 octobre, par les mêmes.

47. Vol Boitel et Wable à Bayonvillers, novembre, par Villet, Hugot et Lemaire.

48. Tentative de vol Journel et Péchon, à Chilly, 3 novembre, par Hugot et Lemaire.

49. Vol Dumoutier à Suzanne, 9 novembre, par les mêmes.

50. Vol Dusaussoy à Chaulnes, 15 novembre, par les mêmes.

51. Assassinat de Deschamps à Blérancourt, 5 décembre, par Hugot, Bourse et Lemaire.

52. Tentive de vol Lemaire à Laboissière, 11 décembre, par Pillot, Hugot et Lemaire.

En 1856

53. Vol Catoire à Arvillers, 18 mars, par Hugot et Lemaire.

54 Vol Péchon à Lihons, 21 mars, par les mêmes.

55. Vol Boulanger à Bouchoir, 24 mars, par les mêmes.

56. Assassinat des époux Thory à Folies, 6 avril, par les mêmes.

57. Réunion de malfaiteurs chez Villet.

L'acte d'accusation énumère ensuite les chefs relevés contre chacun des accusés; cette énumération se résume:

Lemaire, 2 homicides, 42 vols.

Hugot, 2 homicides et 54 vols.

Bourse, 1 homicide et 1 vol.

Pierre-Hippolyte Villet, 1 homicide, 1 incendie et 29 vols.

Pierre-Prosper Villet, 1 incendie et 1 vol.

Jean-Baptiste Villet, 1 homicide.

Victorine Lemaire, femme de Hippolyte Villet, 8 vols par recel.

Félicie Villet, 6 vols par recel.

Alexandrine Thuillier, femme Hugot, 1 vol.

Prosper Pillot, 1 vol.

Jean-Baptiste Rabache, 5 vols par recel.

Augustin Prévost, dit *Mongros*, 4 vols par recel.

Pierre-François Caron, 1 vol par recel.

Pierre-Omer Fournier, 1 vol par recel.

Voici un document effrayant qui va compléter les détails révélés par l'acte d'accusation; c'est une généalogie des familles Lemaire, Villet, Hugot, Pillot.

Dans cette généalogie, les générations succèdent aux générations, et c'est à peine si l'on y rencontre un seul homme honnête, une femme qui n'ait point eu un compte terrible à rendre à la justice.

Les exécutions à mort s'entassent sur les condamnations aux travaux forcés.

Presque tous ces gens vont périr ou sur l'échafaud, ou à Cayenne, ou au bagne, ou dans les maisons de détention. On dirait que tous ont été marqués au front d'un signe fatal qu'ils se sont transmis les uns aux autres.

Famille Chrétien. — *Jean Chrétien*, de

Vrely, souche commune, et bisaïeul de Lemaire, a eu trois enfants: *Pierre*, *Thomas* et *Jean-Baptiste*.

Pierre a eu *Jean-François*.

Thomas a eu *François-Thomas* et *Martin*.

Jean-Baptiste a eu *Jean-François*, qui épousa *Marie-Rose Tanré*, qui est grand'mère de Lemaire, le principal accusé de la bande d'aujourd'hui.

Jean-François, fils de *Pierre Chrétien*, mourut, il y a environ quarante ans, au bagne. Il avait fait partie d'une de ces bandes de brigands qui désolèrent la contrée; il avait été condamné à perpétuité pour vols et assassinats.

François-Thomas, fils de *Thomas*, fut condamné aussi, vers 1810, aux travaux focés à perpétuité pour assassinat sur la personne de sa femme.

Martin, son frère, fut condamné à mort et exécuté.

Son fils, *Martin-Zacharie Chrétien*, oncle de Lemaire, est mort à Cayenne, où il avait été déporté comme coupable de vol.

Jean-François, fils de *Jean-Baptiste* et mari de *Marie-Rose Tanré*, dont nous parlerons tout à l'heure, eut sept enfants: 1° *Jean-François*, condamné pour plusieurs vols, est mort à Loos. 2° *Benoist*, mort des suites d'une chute qu'il fit du haut d'un toit qu'il escaladait pour pénétrer dans une maison où il voulait voler. 3°... dit *Clain*, condamné pour divers vols, mourut à Loos. 4° *Marie-Reine*, qui épousa *Martin-Zacharie*, cité plus haut, et son cousin, mort à Cayenne, mourut à l'abbaye de Loos, où elle subissait les condamnations que lui avaient méritées plusieurs vols. 5° *Marie-Rose*, condamnée aussi pour vols, mourut une de ces années dernières dans une maison de détention. 6° *Victor*, détenu à Loos pour vols. Enfin, *Victoire Chrétien*, femme de Théophile Lemaire et mère de Lemaire. Celle-là n'a jamais subi de condamnation.

Pour en finir avec la ligne des *Chrétien*, disons

que *Marie-Rose*, cinquième enfant de *Jean-François*, a un fils naturel qui a déjà subi deux condamnations pour vols.

Famille Tanré. — *André Tanré*, qui a été soupçonné de plusieurs incendies, a eu un fils nommé André aussi, qui mourut forçat libéré, et une fille, *Marie-Rose*, celle qui épousa *Jean-François Chrétien*, dont les sept enfants ont été dénommés précédemment. *Marie-Rose* subit plusieurs condamnations pour vols et faux témoignages; elle ne fit pas moins de onze ans de détention en diverses fois. Cette vieille femme, qui est la grand'mère de Lemaire, était un des principaux témoins du procès. Elle a fait d'importantes révélations.

Alliance des familles Chrétien, Lemaire, Hugot et Pillot. — *Claude Lemaire*, père commun, avait deux enfants: 1° *Aubin*; 2° *Anne-Françoise*, mariée à *Louis Hugot.*

Aubin Lemaire a eu: 1° *Théophile*, qui épousa *Victoire Chrétien*, les père et mère de Lemaire, principal accusé; 2° *Augustine*, mariée à *Louis-François Pillot*, père et mère de *Prosper Pillot*, l'un des accusés du procès; 3° *Victorine*, femme d'*Hippolyte Villet* père, le chef de toute la bande assisse sur les bancs de la Cour d'assises, celui à qui l'accusation reprochait d'avoir perdu tous ceux qui l'entouraient de plus près. *Victorine Lemaire*, femme Villet, figurait au nombre des accusés.

On a connaissance d'une bande de voleurs qui, vers 1820, désola le pays. Une autre bande, qui ne porta pas moins de terreur et de désolation dans le pays de Vrely, vers 1810, comptait pour membres *André Tanré*, *Jean-François Chrétien*, nommé plus haut, et leur chef, *Pierre Parvillers*, oncle de *Martin-Zacharie Chrétien*. *Parvillers* fut condamné à mort et périt sous la main du bourreau.

Il est assez curieux de rapprocher de ce document le certificat suivant donné par quatre conseillers municipaux et le maire de Vrely, touchant la moralité de Lemaire.

« Nous, soussignés, conseillers municipaux et propriétaires de Vrely, canton de Rosières, arrondissement de Montdidier, département de la Somme, certifions que le nommé Henri Lemaire est né, en cette commune, d'une famille honorable de courageux ouvriers, que sa conduite en ce pays a été exempte de discussions orageuses, et qu'il a su respecter toutes les personnes avec lesquelles il s'est rencontré.

» 28 octobre 1857.

» *suivent les signatures.* »

Il ne sera pas sans intérêt de reproduire ici quelques extraits de l'interrogatoire des accusés devant la cour d'assises de l'Aisne.

Interrogatoire de Hugot

D. Vous avez reconnu avoir commis de nombreux vols et assassinats?...

R. Je n'ai pas commis d'assassinats.

D. Mais les vols avoués par vous sont bien moins nombreux que ceux que vous avez commis réellement. Lemaire en a signalé un très grand nombre que la chambre d'accusation a écartés faute de preuves suffisantes. Vous étiez enragé, dit Lemaire, pour voler et, si vous aviez pu, vous auriez bien commis vingt vols dans la même nuit.

R. Oh! c'est ce Lemaire qui dit ça.

D. Vous réussissiez surtout, grâce à cette faculté singulière que vous devez à une longue habitude et qui vous permet de voir dans les ténèbres. Vous aviez un trousseau de soixante fausses clefs qui vous permettait d'ouvrir toutes les serrures.

R. C'est encore ce Lemaire qui dit ça, mais il ment.

D. Il paraît que vous cachiez ces clefs dans le chaume du toit d'un puits situé près de la maison de Lemaire. Voici ce que dit Lemaire: Quand Hugot ne réussissait pas, il était plus enragé qu'avant; il avait deux trousseaux de fausses clefs, l'une pour les portes, l'autre pour les tiroirs. On a du reste trouvé chez vous des limes, des ciseaux.

R. C'étaient des outils que j'avais achetés à la foire de Saint-Just pour faire une petite voiture.

D. Comme vous n'aviez d'autre profession que le vol, on est fondé à penser que c'étaient des instruments de vol plutôt que des outils de travail. Vous aviez aussi une petite enclume de faucheur, avec laquelle vous perciez les solins des murs?

R. Ça, c'est vrai.

D. Les outils saisis chez Villet vous avaient-ils servi à faire des vols?

R. Ça n'est pas à moi qu'ils ont servi.

D. Vous avez réalisé par le vol des sommes considérables; vous avez fait construire une petite maison que vous avez soldée avec le produit des vols?

R. Oui, monsieur.

D. Vous vous livriez aussi à de grandes dépenses de cabaret? Vous passiez les nuits en orgies?

R. Oh! j'ai passé peut-être deux ou trois nuits.

D. Ainsi, le 6 décembre, à la Saint-Nicolas, le lendemain de l'assassinat de Blérancourt, vous dépensiez 40 francs chez Vaillant; la nuit de Noël, vous en dépensiez 70; vous perdiez au jeu jusqu'à 40 francs; voici un relevé de 180 francs en dépenses de cabaret en quelques semaines. Lemaire aussi vous implique dans l'assassinat commis à Domart sur le curé de cette paroisse et sa servante septuagénaire, assassinat commis dans la nuit du 27 au 28 juillet 1852. Il prétend que vous lui avez dit que ce crime n'avait rapporté que 900 francs. Vous avez désigné quatre complices, dont un est peut-être sur le banc des accusés.

R. Tout cela est faux... J'étais, à la ferme de l'Equipée et je ne pouvais m'absenter.

M. le Président. — Le curé de Domart et sa servante étaient deux vieillards; ils ont été massacrés dans leur lit; leurs blessures étaient horribles. Vous auriez dit à Lemaire avecquelles armes ce crime aurait été accompli.

R. Je nie tous ces propos de Lemaire; c'est pour faire chercher la justice qu'il tient un pareil langage; si c'était vrai, je l'aurais dit, comme j'ai dit le reste.

Interrogatoire de Lemaire

M. le Président. — Vous êtes le neveu d'Hippolyte Villet, cousin germain de Prosper Villet, parent plus éloigné de Hugot; vous êtes petit-fils de la Veuve Chrétien, petit-neveu de Martin Zacharie, qui a laissé six enfants, dont deux sont morts sur l'échafaud et les quatre autres au bagne.

Lemaire. — Dame... que voulez-vous?

M. le président. — Nous ne faisons que constater un fait. Vous avez été condamné par les Assises de la Somme pour neuf vols qualifiés à cinq ans de réclusion. Vous aviez alors dix-sept ans? Vous avez joué, avez-vous dit, avec un camarade qui, dans un hiver, avait perdu 1,500 francs, et a été obligé de vendre deux pièces de terre?

Lemaire. — C'est vrai, j'ai joué une fois deux jours et deux nuits d'affilée; on jouait 15 à 20 francs la partie.

D. — La dépense était telle que le cabaretier s'approvisionnait exprès pour vous, et faisait venir du vin à 4 francs la bouteille. Le 15 décembre, vous commettez l'assassinat de Mérancourt;

puis, en 1856, l'assassinat de Folies, et si l'on ne vous eût pas arrêté, vous auriez continué, parce que, disiez-vous, vous étiez mal parti?

Lemaire. — C'est vrai, que nous étions mal partis... et heureusement qu'on nous a arrêtés, car nous eussions, je crois, pillé et assassiné toute la France.

D. — Après l'assassinat de Folies, qui n'avait produit que 1 franc 50, Hugot vous avait proposé d'aller à Marcelcave?

Lemaire. — Oui; nous y étions déjà allés deux fois pour voler les frères Cuissette, mais nous en avions été empêchés une fois par du monde qui passait, une autre fois par un chien. Hugot devait seul attaquer le plus vieux; moi et Prosper Villet devions assassiner l'autre, mais un individu est venu à passer quand Hugot était en train de percer le solin du mur; Prosper Villet s'est enfui, Hugot a dit: « Si ça avait été moi, je lui aurais cassé la gueule. » C'était la troisième fois que nous venions dans cette maison; cette dernière fois seulement c'était pour assommer les habitants, et non plus seulement pour voler. Hugot devait donner le signal en frappant le vieux; au même instant, Prosper Villet et moi, nous devions nous ruer sur le lit de l'autre et le massacrer. Villet père voulait venir, mais Hugot s'y est opposé parce qu'il ne désirait pas partager; il espérait trouver beaucoup d'argent.

D. — Prosper Villet vous avait fait part de ses projets?

Lemaire. — Oui, il nous disait que si nous pouvions tomber sur quelque bonne affaire, il monterait un café sur la place de Folies, et que là nous nous constituerions en franc-maçons.

D. — Oui, les Villet tenaient beaucoup à vous avoir avec eux; vous êtes doué d'une grande force et ils appréciaient cette qualité.

Lemaire, négligemment. — Oui, comme j'étais très fort, c'était moi qui étais toujours obligé de tuer.

D. — Et votre sensibilité n'en était pas émue. Vous disiez même après l'assassinat de Deschamps: j'en tuerais mille comme ça sans y penser.

Lemaire. — Je n'ai jamais dit ça: je l'aurais dit, je le répéterais tout de même. Hugot invente ça pour faire croire qu'il n'est pour rien dans les assassinats.

D. — Après l'assassinat de Deschamps père, vous auriez, d'après Hugot, proposé d'assassiner Deschamps fils: Le voilà, auriez-vous dit, c'est lui qui doit avoir le magot.

Lemaire. — Il est bien certain que si nous l'avions rencontré, il y aurait passé aussi, parce nous étions mécontents de n'avoir pas trouvé le billet de banque; nous n'avions pas encore ouvert le portefeuille, et nous disions avec dépit: Quoi! voilà un homme tué et pas le sou! Plus tard, nous ouvrîmes le portefeuille.

D. En un mot, les intentions de Hugot étaient parfaitement d'accord avec les vôtres. Hugot avait tant de confiance en votre force, qu'il ne voulut pas aller à Carlepont et à Blérancourt sans vous.

Lemaire. — C'est vrai; quand il y avait quelque chose de difficile à faire, c'était toujours moi qui le faisais. Moi, j'étais toujours *le bœuf*; les autres prenaient ce qu'il y avait de meilleur, et il ne me restait rien

D. Vous apportiez une assez grande insouciance dans la perpétration des vols, à ce point que vous vous endormiez dans les maisons mêmes où vous pénétriez?

Lemaire. — Ah! oui, une fois, je me suis endormi; j'avais mangé un morceau de lard; averti par les autres, je me suis sauvé à peine réveillé, et j'ai même laissé tomber la moitié de l'argent que j'avais pris. Cela vient de ce que j'étais très fatigué.

D. Vous étiez fatigué, cela se comprend; vous aviez commis trois vols dans la nuit précédente.

Lemaire. — Mais oui; et puis, toutes les nuits c'était la même chose.

D. Oui, nous le disons bien, cette fatigue s'explique parfaitement.

Lemaire. — Hugot, lui, va mieux de nuit que moi.

D. Oui, d'ailleurs il y voit clair la nuit...

Lemaire. — Ah! oui, il est étonnant pour cela.

D. En revenant de Folies, et en remettant les trente sous, prix de l'assassinat, à la femme Villet, Hugot n'a-t-il pas dit: Nous allons boire le sang des malheureux?

Lemaire. — Oui, et nous avons bu. Villet était furieux que l'assassinat n'eût pas seulement produit de quoi prendre le café; j'ai pris 1 franc de ma bourse pour le payer.

D. Lemaire, Hugot vous a-t-il entretenu de l'assassinat de Domart?

R. Il m'en a parlé, et m'a même désigné ses complices; deux étaient d'Harbonnières; ils se sont partagé le produit du crime sur le bord du chemin; ce produit ne s'était élevé qu'à 900 francs. Les victimes ont été massacrées avec un coutre de charrue. *Mongros*, qui est là, était un des assassins. Le coutre qui a servi est encore caché au moulin Letonne, dans le chaume, près de Vrely, en revenant de Rosières, à droite; c'est du reste le premier moulin qu'on rencontre. C'est sous le chaume de la grange attenant à l'habitation.

D. Hugot ne vous a-t-il pas donné d'autres détails?

R. Non, il ne m'a pas désigné parfaitement ses complices; je ne connais que *Mongros*, que je présume avoir été de la partie; il m'a bien montré un autre individu, mais je ne sais pas son nom; quand il me le fit voir, il était tard, et je ne l'apercevais que vaguement.

D. A quelle époque le coutre a-t-il été caché dans le chaume du moulin?

R. Il y a quatre ans à peu près.

D. Comment avez-vous appris l'assassinat de Domart?

R. Je l'ai appris à Loos où j'étais détenu.

D. Hugot, que dites-vous des assertions de Lemaire?

R. Je dis que tout cela est faux; c'est pour faire aller la justice qu'il parle ainsi.

D. N'est-ce pas pour inspirer de l'intérêt, Lemaire, que vous faites ces révélations?

R. Moi, je n'espère pas grand'chose; qu'on écrive à Vrely, qu'on cherche le coutre sous le chaume, et on le trouvera; on verra si je mens.

Interrogatoire d'Hipp^te Villet

M. le Président. — Villet (Hippolyte), vous avez été libéré du service militaire en 1833, vous avez épousé la tante de Lemaire, vous avez affecté beaucoup de savoir et une grande habitude des affaires; on vous avait surnommé le *procureur*.

R. C'est un surnom de père en fils, tous mes aïeux étaient appelés comme ça.

D. Vous avez subi plusieurs condamnations?

R. J'ai été attaqué, je me suis défendu, voilà. Dans une autre circonstance, j'ai reçu un coup de couteau et j'ai répliqué, voilà encore.

D. Vous avez un jour frappé violemment Rabache?

R. Non, lors d'un incendie qui menaçait ma maison, je l'ai renvoyé seulement.

D. Vous êtes si violent que vous avez frappé votre femme avec l'éperon d'une voiture.

R. Jamais je n'ai frappé ma femme; et s'il eût fallu en venir là, je n'avais pas besoin d'éperon; j'avais de bonnes mains...

D. Vous êtes la terreur du pays?

R. Je n'ai jamais attaqué; j'ai riposté, rien de plus.

D. Des procès-verbaux attestent la violence de votre caractère; elle est notoire. Vous êtes le chef de la bande de malfaiteurs qui est maintenant devant nous?

R. Non, je travaillais avec Hugot, Hugot a travaillé pour moi, pas autre chose. Je n'ai jamais partagé de produits de vols avec Hugot et Lemaire. Mes livres sont là. Du reste, je n'ai jamais considéré Hugot comme voleur! Je n'ai jamais conseillé ni vols, ni assassinats, ni écrasé un épi de blé sur la tête de personne.

D. Vous leur donniez des indications, ils en témoignent; le vol de la veuve Boulenger, de Bouchoir, a été accompli d'après vos conseils?

R. Je ne connais ni la veuve Boulenger, de Bouchoir, ni aucune des personnes volées. Je n'ai jamais rien reçu de personne. Je défie qui que ce soit de m'avoir vu voyager avec ma voiture, ni boire dans une auberge. On dit qu'on m'a rencontré ivre. C'est faux. Je n'ai caché dans la paille de ma charrette ni Hugot ni Lemaire, comme on le dit. Quant à l'enclume qu'on a trouvée dans mon jardin, qui appartient à Hugot, cela ne me regarde pas, elle a pu y rester enfouie, en bêchant.

D. Quand le premier vol relaté dans l'acte d'accusation a été commis, les auteurs de ce vol avaient dîné chez vous.

R. Je n'en sais rien.

D. Et l'assassinat de Jean-Baptiste Chrétien qu'en savez vous?

R. Si j'ai commis un assassinat, qu'on me coupe le cou, sinon, je ne crains rien. Chrétien était mon meilleur ami; il me rendait des services. Seulement il était un peu trop dépensier et adonné à la boisson.

M. le procureur général demande à faire une communication. — Lemaire a raconté que Hugot avait participé à l'assassinat du curé de Domart, tué avec un coutre qu'ils déposèrent au *Moulin de la Tonne*, dans la toiture sous le chaume. Or, le procureur impérial de Montdidier a procédé à la recherche, sur les indications de Lemaire: le coutre a été retrouvé à l'endroit indiqué. J'en reçois la nouvelle à l'instant.

Hugot. — Je n'ai point participé à cet assassinat. Si le coutre a été retrouvé au Moulin de la Tonne, c'est que Lemaire l'y a mis ou fait mettre.

Lemaire. — Si c'était moi, je le dirais. J'ai fait assez d'aveux. Je dis la vérité et ce que je sais.

M. le procureur général. — Le coutre retrouvé était faussé et tordu à son extrémité.

Hugot. — Ce n'est pas moi qui m'en suis servi et je n'ai pas fait mettre là le coutre, c'est Lemaire.

Lemaire. — Je ne m'attendais pas à ce que l'on m'interrogeât sur l'assassinat du curé de Domart. Comment aurai-je su la présence du coutre au moulin, si Hugot ne me l'avait pas dit?

Lemaire n'avait pas précisément dans cette bande le rôle que faisaient supposer le rang qu'il occupait sur le banc des accusés et la dénomination que la bande avait prise de lui. Il serait plus juste de l'appeler la bande Villet. Il n'avait conquis sa supériorité que par la force et l'adresse de son bras; c'était lui, comme il l'a dit, qui était obligé de tuer.

L'homme intelligent, cupide, qui avait organisé et discipliné les opérations de la bande, celui qui en profitait le plus, c'était Hippolyte Villet, l'ancien chasseur de la garde royale, l'ancien palefrenier du duc de Raguse. Cet homme était la ruse même. Son interrogatoire révéla assez et son intelligence et sa duplicité; il a eu des réponses superbes. Quand on lui disait: Vous étiez associé avec Hugot et Lemaire? Il répondait avec une feinte naïveté et du ton le plus sérieux: Voyez mes livres, vous verrez bien qu'il n'y a pas eu de société entre nous.

Interrogatoire de Bourse

Bourse, le pensionnaire trop fidèle de l'abbaye de Loos et qu'on appelait le *Chevalier du Brouillard*, ne laissait pas d'avoir aussi une physionomie bien accentuée; il prenait des airs mélancoliques, et se plaignait qu'on eût assigné des témoins sans moralité; c'était lui qui refusait 155 francs que lui offraient ses complices et qui proposait d'aller voler sa nièce, sous prétexte qu'il aurait été lésé, quelque vingt ans auparavant, dans un partage de famille.

M. le président. — Bourse, levez-vous. Vous avez subi six condamnations, qui forment un total de 30 années d'emprisonnement et vous avez 47 ans. Vous avez subi aussi de nombreuses punitions pour indiscipline et violence durant vos séjours dans les prisons. A votre libération, vous avez donné rendez-vous à Lemaire, vous êtes allé le chercher à Vrely pour concerter des vols?

R. Non, Monsieur.

D. A Blérancourt vous avez volé avec Lemaire et Hugot.

R. Non, Monsieur, j'y étais mais je n'ai touché à rien; ils m'avaient donné à garder leurs chaussures, car ils étaient nu-pieds, sauf respect à la compagnie, mais je n'ai rien volé; 155 francs m'ont été offerts par Hugot, mais je n'ai pas voulu les recevoir.

D. Vous avez encore commis avec eux les vols de Chauny et de Babœuf?

R. Il n'y a rien de plus faux.

D. C'est vous qui disiez: « Si les gens résistent dans le vol, il faut les assommer. »

R. Je ne suis pas si sanguinaire que cela, Monsieur le président.

Interrogatoire de Prosper Villet

M. le président. — Prosper Villet, levez-vous.

Vous êtes accusé de vol et d'incendie. Vous avez entendu les déclarations accusatrices de Hugot et de Lemaire; vous êtes resté longtemps à Paris, en qualité de garçon limonadier. En février 1856, vous êtes retourné à Vrely. Vous avez assisté, dans la maison de votre père, à la conversation dans laquelle a été résolu l'assassinat de Folies. Antérieurement, vous vous étiez réservé une part active dans l'assassinat projeté des frères Cuissette à Marcelcave; vous deviez accompagner Hugot et Lemaire, et tuer la plus jeune des deux personnes que vous aviez aussi condamnées. Ce sont là les affirmations de Lemaire?

R. Ces faits sont faux. Lemaire n'avait pas besoin de moi pour assassiner.

D. L'enclume de Hugot vous a été remise et vous l'avez enfouie dans le jardin de votre père ?

R. Non, Monsieur.

D. Depuis l'arrestation de votre père, vous avez commis plusieurs incendies?

R. Je ne suis jamais sorti la nuit de chez nous, et je n'ai jamais commis d'incendies.

Invité par M. le président à s'expliquer de nouveau, Lemaire affirme avec énergie que Prosper Villet a commis tous les incendies qu'il lui a imputés. « Prosper, après l'arrestation de son père, dit-il, revenait de Paris où il avait été consulter la somnambule pour savoir si son père serait condamné. La somnanbule lui avait dit que son père serait condamné; alors Prosper Villet pour se venger, commit un incendie chez ces pauvres gens dont je vous ai parlé. »

M. le président à Prosper Villet. -- A quoi attribuez-vous les accusations que Lemaire porte ainsi contre vous?

R. C'est parce qu'il croit que ces accusations nécessiteront une nouvelle information qui le ramènerait à Montdidier; il espère toujours se sauver.

D. Dans la prison de Montdidier, n'avez-vous

pas dit: « Quand reviendra donc 93? je tirerai moi-même la ficelle? »

R. Personne au monde ne peut dire que j'ai tenu ce langage.

M. le Président. — Accusé Hugot, ne l'avez-vous pas entendu, ce propos?

Hugot. — Oui, Monsieur.

Lemaire. — Moi aussi, Monsieur, je l'ai entendu; on pouvait se parler dans la prison; nous communiquions de parole par les tubes des calorifères.

Interrogatoire de J-Baptiste Villet

M. le Président. — Jean-Baptiste Villet, vous êtes accusé d'avoir assassiné votre beau-frère Chrétien. Est-il vrai que vous ayez commis ce crime?

R. Non, Monsieur, cela n'est pas vrai.

M. le Président. — Asseyez-vous.

Interrogatoire de la femme Villet

M. le président. — Femme Villet, vous participiez complètement à la conduite criminelle de votre mari?

Non, Monsieur.

D. Vous démarquiez le linge volé, vous coupiez les draps, vous dénaturiez tous les objets que se procuraient vos complices?

R. Je n'ai jamais eu de linge volé chez moi.

D. C'est vous qui ouvriez à Hugot la porte de votre demeure quand il rentrait la nuit de ses expéditions, pour vous remettre le produit des vols; Lemaire, votre neveu, l'affirme.

R. Je ne sais pas ce que l'on veut me dire.

D. Vous preniez part à toutes les réunions de la bande, à toutes les consultations ayant le vol et l'assassinat pour objet; en outre, vous avez assisté aux orgies qui ont suivi les assassinats de Folies et de Blérancourt, c'est vous qui aviez établi un lit pour Lemaire dans votre maison; vous l'excitiez au crime: « Marche, Henri, disiez-vous à Lemaire, mais ne fais pas trop de dépense pour ne pas donner de soupçons. » Vous avez reçu de Hugot et de Lemaire, de l'argent provenant de l'assassinat de Blérancourt, une pièce de 20 francs et quelques pièces de 5 francs. Plus tard, vous avez conseillé à Lemaire de couper ses moustaches, parce que le bruit courait que l'un des assassins de Blérancourt en portait?

R. Cela m'est bien égal que Lemaire ait ou n'ait pas de moustaches; je ne sais pas ce que l'on veut dire.

D. Au retour de l'assassinat de Folies, vous avez reçu des mains de votre mari l'éperon ensanglanté qui avait servi à frapper les victimes?

R. C'est faux.

M. le président. — Asseyez-vous.

Interrogatoire de Félicie Villet

M. le président, à l'accusée. — Vous n'avez jamais travaillé; Hugot lui-même a rendu témoignage de vos habitudes de désœuvrement: c'est ce goût pour l'oisiveté qui vous a conduite au désordre et au crime?

R. Hugot est un menteur. Je ne restais jamais inoccupée.

D. A dix-sept ans, vous êtes allée à Paris et n'y êtes alors restée que quatre mois: plus tard, vous y êtes retournée, et la maitresse chez qui vous étiez placée vous a renvoyée pour votre inconduite?

R, C'est au contraire ma maitresse qui m'a perdue.

D. Vous avez avouée vous-même que vous avez vécu dans la prostitution la plus éhontée. Vous aviez alors un trousseau considérable. Pourquoi n'aviez-vous plus d'effets, lors de votre arrestation?

R. On me les a volés.

M. le prés'dent. — Du tout. C'est vous qui les avez cachés, parce que vous veniez d'apprendre que des saisies avaient été pratiquées chez vos parents, et comme vos effets étaient le produit de vols, vous aviez peur de voir vos effets saisis par la justice; vous aidiez votre mère à déménager le linge, les jupons, les robes volées. Dans l'instruction, vous prodiguiez les injures aux témoins. Asseyez-vous.

Interrogatoire de la femme Hugot

D. Vous receviez tous les objets volés par votre mari, et vous les recéliez.

R. Je ne savais rien du tout des vols de mon mari.

D. Vous saviez qu'il s'absentait toutes les nuits, vous saviez bien qu'il volait, et que l'argent qu'il vous rapportait ne pouvait provenir que de ses vols.

R. Il était marchand de peaux de lapins et je croyais qu'il gagnait de l'argent en exerçant sa profession.

D. Vous n'ignoriez pas que c'était avec de l'argent volé qu'il a construit sa maison?

R. Il m'a dit que c'était avec de l'argent prêté.

M. le président. — Ce n'est pas ce que vous avez dit dans l'instruction. Comme vous le voyez messieurs les jurés, presque tous les accusés adoptent un système de dénégation absolue. Ils reviennent sur les déclarations qu'ils ont faites au juge d'instruction et qu'ils ont eux-mêmes signées. Femme Hugot, votre mari était souvent chez Villet?

R. Il y allait pour travailler.

D. Vous avez dit qu'il y était toujours fourré; on sait maintenant dans quel but. Il s'y rendait, vous-même vous y alliez, vous participiez aux orgies. Vous étiez présente à la réunion où s'est concerté l'assassinat de Folies?

R. J'ai des enfants et je n'avais pas le temps d'aller chez Villet.

D. Le lendemain de cet assassinat vous paraissiez préoccupée et silencieuse, ce qui fait croire que vous étiez initiée à l'entreprise. C'est vous qui, d'habitude, alliez acheter les liqueurs que l'on consommait chez Villet; c'est à vous que l'on a remis les trente sous volés à Folies, après l'assassinat des époux Thory, pour boire le sang des malheureux, comme a dit votre mari?

R. Je n'ai pas eu connaissance de l'assassinat des époux Thory.

Interrogatoire de Prosper Pillot

M. le président à l'accusé. Vous êtes cousin de Lemaire et frère de la femme Desachy, sa maîtresse. Vous lui avez donné, ainsi qu'à Hugot, des instructions pour commettre le vol qui fait l'objet du 52e chef d'accusation; c'est d'après vos renseignements qu'ils se sont rendus le 11 décembre 1855 à Laboissière, dans le but de dévaliser la maison du nommé Auguste Lemaire; vous leur aviez dit qu'on pouvait y trouver une somme de 3 ou 4.000 francs.

R. Non, Monsieur.

M. le président. — Asseyez-vous.

Interrogatoire de Rabache

M. le président à l'accusé. — Vous avez quatre enfants?

R. Oui, Monsieur.

D. Vous avez été condamné plusieurs fois pour vol?

R. Oui, Monsieur.

D. Vous avez la réputation d'un rôdeur de nuit vous ne travaillez pas; vous parcourez les communes sous le prétexte de raccommoder les horloges et vous vivez de rapines. Vous êtes accusé de vous être rendu complice par récel de cinq vols.

Interrogatoire de Prévost, *dit Mongros*

M. le président. — Vous êtes accusé de quatre vols par recel. Vous parcouriez les foires et les marchés. On a trouvé chez vous des casquettes cachées dans votre carnassière, et précisément on en avait volé de semblables dans une boutique d'Harbonnières, vous étiez toujours dans les foires avec Hugot, qui vous a désigné à Lemaire comme faisant des affaires, et entre autres affaires, vous auriez trempé dans l'assassinat de Domart?

R. Non, Monsieur, j'étais à cette époque au service.

Interrogatoire de Caron, *dit Tarot*

M. le président à l'accusé: Vous êtes accusé de vol par recel. Vous êtes veuf, vous avez été condamné deux fois pour vol, vous êtes sans aucune moralité, depuis surtout la mort de votre femme qui vous faisait vivre par son travail et ses économies; vous jouiez et vous voliez au jeu; votre fille, âgée de 18 ans, est considérée comme ayant été perdue par vos enseignements et votre mauvais exemple. Hugot s'est adressé à vous pour faire vendre la laine qu'il avait volée chez la veuve Legendre?

R. C'est impossible, Monsieur, personne ne peut dire cela.

Interrogatoire de Fournier, *dit Pépin*

M. le Président à l'accusé. Vous avez une réputation de recéleur.

R. Monsieur, c'est bien désagréable d'entendre de pareilles choses et de me voir dans une position que je n'ai pas méritée.

(Fournier entre dans de grands détails sur la nature de ses occupations et de ses travaux; il essaie d'expliquer par les nécessités de sa profession les voyages nocturnes dont on lui demande l'explication).

Il y a ici, dit-il, une dame qui exerce la même profession que moi et qui pourrait dire si ce que je dis n'est pas la vérité.

M. le président. — Un individu, condamné comme voleur de laines, a déclaré qu'il portait ses laines chez vous; deux autres individus, condamnés trois semaines plus tard pour vol de même matière, ont déclaré que votre maison leur avait été indiquée comme un lieu de recel, et c'est chez vous qu'ils ont porté les laines volées; elles ont été offertes à votre femme. Vous êtes accusé d'avoir recélé les deux balles de laines volées par Hugot et Lemaire au préjudice de la veuve Boulanger?

R. Tout cela est bien désagréable pour moi.

Monsieur le président. — Asseyez-vous

Il est ensuite procédé à l'audition des témoins à charge dans les audiences du 5 au 13 novembre.

Le 11 novembre, la cour arrivait au 57e chef, l'assassinat de Deschamps à Blérancourt.

Un dimanche, dans la commune de Vrely, le curé de la paroisse a ordonné des prières à l'occasion de cette affaire. C'est en faveur des accusés que ces prières devaient avoir lieu. Doit-on y voir la preuve de l'effroi persistant qui continuait à régner aux alentours de Montdidier? On sait que c'est le conseil municipal de Vrely qui a délivré à Henri Lemaire ce certificat que contredisent si complètement les antécédents généalogiques de sa famille.

M. le président. — Messieurs les jurés, nous arrivons au 57e chef, l'assassinat de Blérancourt. Bourse, vous avez reconnu quelques-unes ou la plupart des circonstances qui ont précédé l'assassinat Deschamps, mais vous avez voulu épargner Lemaire, et vous avez donné de vos complices un faux signalement pour tromper la justice. Vous avez nié votre propre culpabilité; l'instruction est pleine de vos réticences et de vos contradictions. En somme, vous continuez à prétendre que Hugot et Lemaire sont des menteurs et qu'ils vous impliquent à tort dans un crime dont vous êtes innocent. D'un autre côté, vous avouez que vous êtes allé à Vrely proposer à Hugot et Lemaire de commettre des vols.

R. Non; après ça, c'est bien possible.

D. C'est à Carlepont, chez Thuillier d'abord, que vous vouliez voler?

R. Non pas; il est vrai que nous sommes allés à Carlepont, mais pas pour mal faire.

D. Asseyez-vous. Hugot, racontez-nous les détails du voyage à Carlepont.

L'accusé fait un récit tout à fait conforme aux faits consignés dans l'acte d'accusation, et qu'il est inutile de reproduire. La réunion, dit-il, a eu lieu chez Villet; on est parti de sa maison sur les indications de Bourse. Le 5, au matin, à notre arrivée à Blérancourt, nous sommes allés jouer au billard; Bourse a proposé à Lemaire d'assommer Deschamps. Je leur ai dit: « Si vous continuez à dire des bêtises comme ça, je m'en irai. » C'est encore Bourse qui, avec deux sous, a éloigné le garçon de Deschamps. Deschamps père est sorti; Bourse a passé le maillet à Lemaire, qui a frappé; l'homme est tombé. Je leur ai crié: « Vous êtes des misérables, vous allez vous faire prendre. » Je me suis approché, j'ai porté le cadavre avec eux dans le parc aux moutons, et ils m'ont remis un portefeuille.

D. Vous avez donné des coups de pied sur la tête de Deschamps.

R. Peut-on dire ça, moi qui ne donnerais pas une toque à une mouche. Je me suis éloigné avec le portefeuille en compagnie de Lemaire. Bourse avait disparu. Lemaire a vu le fils de Deschamps sur la porte du café; il m'a dit de lui passer le maillet, qu'il voulait le tuer; j'ai refusé de le faire. « Bah! m'a-t-il répliqué, j'en tuerais mille comme ça sans y penser. » Nous sommes ensuite allés boire au café.

Etant arrivés chez Villet, nous avons regardé le billet de banque, que Lemaire a été changer à Amiens. J'ai reçu pour mon compte 400 fr., Villet, 60 fr., Lemaire et Bourse ont eu le reste. J'ai reçu les 400 fr. de crainte qu'ils ne me fissent arriver malheur, mais je n'ai pas participé à l'assassinat.

D. Lemaire, dites ce qui vous est personnel.

R. On m'a fait venir chez Villet; nous avons bu longtemps et nous sommes partis vers quatre heures. Villet nous a dit : « Allons, bonne chance! » En route, c'est moi qui ai toujours payé la dépense.

D. Bourse n'avait-il pas dit que si les gens de Carlepont résistaient, il faudrait les tuer?

R. Oui, même il m'a passé son couteau pour couper un bâton, ce que j'ai fait. A Blérancourt, comme je jouais au billard, dans le café, Deschamps est entré; il avait beaucoup d'argent qu'il comptait. Hugot m'a touché le coude, et m'a dit: « On pourrait bien le suivre et le voler. — Bah! que je lui ai répondu, c'est un marchand de bestiaux, on ne pourrait pas; il ne s'en va pas seul. » Deschamps est passé dans le café d'en face; nous l'y avons suivi. Quand il a été sur le point de sortir, Bourse que nous venions de trouver, est allé chercher le maillet; moi, c'était la première fois que j'allais faire du mal à quelqu'un. Comme je le disais à Bourse, il m'a répondu: « Il faut nous dédommager de la prison que nous avons faite.» J'ai pris le maillet, et j'ai donné un coup. Deschamps est tombé d'un côté et son chapeau de l'autre. Il était un peu soûl. Hugot et Bourse se sont jetés dessus, pour l'empêcher de crier s'il en avait envie; mais il n'a rien dit et n'a pas bougé du tout. Nous avons porté le corps dans le parc aux moutons. Je le croyais mort, mais tout à coup il a remué. Alors, Hugot lui a donné au moins dix coups de talon sur la tête; j'ai entendu gargouiller quelque chose dans la gorge, probablement son dernier râle, car après il était bien mort. Deschamps avait un chien noir; la pauvre bête est venue rôder autour de son maître, en geignant comme si elle pleurait. Hugot a mis Deschamps presque tout nu pour le fouiller. Nous nous sommes ensuite en allés; nous sommes retournés à Vrely et sommes allés chez Villet où a eu lieu le partage. J'ai eu pour ma part 400 francs. J'ai donné 400 fr. à Hugot, 100 fr. à Bourse, 60 fr. à Villet; nous avons bu 20 fr.

On appelle Jean-Baptiste Deschamps, le fils de la malheureuse victime de Blérancourt. A peine arrivé à la barre, ce jeune homme se trouble, ses jambes se dérobent sous lui; on se hâte de lui apporter un siége, sur lequel il tombe en fondant en larmes; au milieu de sanglots étouffés, on l'entend dire: « Mon père, mon pauvre père!... » Cette scène déchirante jette dans une vive émotion l'auditoire. Tout à coup, les yeux de Deschamps se fixent sur les sabots de son père, déposés devant lui comme pièces à conviction; il se rejette en arrière en étendant les bras vers ces chaussures et se renverse sur sa chaise avec des mouvements nerveux; les gendarmes, qui ont saisi ce geste déchirant, s'empressent de faire disparaître les objets ayant appartenu à Deschamps père. Les accusés seuls restent impassibles; Lemaire baisse la tête; c'est son habitude tant qu'il n'est pas interrogé; Hugot et Bourse fixent Deschamps fils sans qu'un muscle de leur visage trahisse la plus légère émotion.

M. le président. — Voilà des scènes profondément douloureuses, qu'entraînent de si horribles crimes.

Me Lachaud. — Ce malheureux jeune homme est incapable de parler; si on lisait sa déposition écrite?

M. le président. — Les défenseurs tiennent-ils à l'entendre par lui-même?

Tous les défenseurs des accusés. — Non, non, M. le président, qu'il se retire.

M. le président. — Huissier, faites retirer et accompagnez le témoin.

Des huissiers soulèvent Deschamps fils et lui font faire quelques pas, mais il paraît avoir surmonté sa douleur et demande à être entendu. Il est ramené à la barre et placé sur une chaise.

M. le président. — Pouvez-dire ce qui s'est passé le 5 décembre au café Liret?

Deschamps fils. — Le 5 décembre, j'étais avec mon père, malheureusement, au café de M. Liret vers les six heures, six heures et demie du soir; nous étions à faire un marché de dix vaches avec M. Labarre, et nous buvions un verre de bière; mon père... a sorti du café... son... verre... encore... encore plein... il a sorti du... café; je ne l'ai jamais revu... jamais! jamais! (Ces mots sont accompagnés de sanglots déchirants).

M. le président, après un moment d'attente. — Avez-vous vu Bourse entrer dans le café?

Deschamps. — Il est entré d'un côté et sorti de l'autre; je l'ai vu, bien vu.

D. Vous connaissez Bourse depuis longtemps?

R. Oui, et il n'y avait pas trois mois que nous avions fait route avec lui, de Roye à Chambly; il était fatigué, et je lui ai dit de monter sur mon âne.

D. Vous avez ouvert votre ceinture sur l'appui de la croisée du café, et, du dehors, on pouvait voir ce qu'elle contenait?

R. On pouvait bien voir.

D. Et vous affirmez que Bourse vous connaissait?

R. Puisqu'il n'y avait pas trois mois que nous avions fait route ensemble de Roye à Chambly.

M. le président. -- Bourse, vous entendez; jusqu'ici, vous avez toujours nié connaître Deschamps fils.

Bourse. — Je ne dis pas que je n'ai pas fait route avec lui pour aller à Chambly, mais je ne le connaissais pas pour le fils à M. Deschamps.

Deschamps fils. — Si, si, vous me connaissiez bien, brigand, voleur, assassin! (Ces mots sont dits à pleine voix et avec un accent déchirant).

M. le président à Bourse. — Accusé, le témoin vous a vu traverser le café, sans doute un moment après qu'il avait étalé sa ceinture sur l'appui de la fenêtre. Est-ce que vous avez vu ce qu'elle contenait.

Bourse. — Oui, j'ai vu ce qu'il y avait dedans.

M. le président. — Jusqu'ici vous l'aviez nié, vous avouez enfin. Vous avez même dit à Hugot et Lemaire: « Il y a au moins 10.000 fr.! »

De nombreux témoins sont entendus sur l'assassinat de Deschamps, entre autres plusieurs Royens.

Témoin Delachaussée, menuisier à Roye. — Je travaillais pour Thiébaut, quand Bourse est entré chez celui-ci. Bourse n'avait pas le sou et j'ai été obligé de lui fournir du tabac, pendant les trois jours qu'il est resté chez Thiébaut.

Bourse. — Il m'a donné une pipe de tabac; entre fumeurs, ces petits services là ne se refusent pas.

Témoin Fichot, cabaretier à Roye. — Le 6 décembre 1855, à quatre heures un quart du matin, comme j'ouvrais ma maison, un individu entra chez moi, me dit qu'il venait de la route de Compiègne, me demanda à allumer sa pipe. Il me demanda la goutte; je lui en servis une. Il causa un peu et me pria de lui faire une soupe à l'oignon. Je le rasai. Et il sortit de chez moi au petit jour. Je ne le revis pas jusqu'au 8. Le 8, il est revenu à deux heures de l'après-midi, avec un autre individu et une femme. Il me demanda les journaux de l'Aisne. Il disait que l'on avait commis un assassinat dans le département de l'Aisne et qu'il voulait voir si l'on ne parlait pas de cet événement, parce qu'il avait un parent dont il était inquiet. Comme je lui donnais des journaux où il ne trouvait rien, il insista pour en avoir d'une date plus fraiche, ce qui m'était impossible, parce que je n'avais que des journaux de la localité qui ne donnent pas les nouvelles très promptement. Il me dit qu'il avait entendu à Vrely des gendarmes dire que l'affaire était si bien faite qu'on n'en trouverait jamais les auteurs. Il a payé la dépense avec une pièce d'or. J'ai vu d'autres pièces d'or dans ses mains. Il disait à quelqu'un chez moi que c'étaient des doubles centimes; mais ces personnes dirent: Il se moque de nous, ce paysan là, avec ses centimes, c'est de l'or. Il était avec Auguste Lemaire et sa maîtresse. Il a payé leur dépense aussi,

Ils sont restés chez moi jusqu'à la fin du jour, alors ils se sont chicanés avec Auguste Lemaire. Il voulait lui enlever sa femme, à laquelle il offrait de l'argent. Bourse m'a demandé à coucher chez moi; j'ai refusé malgré tout l'argent qu'il me proposait. J'ai vu Bourse en prison, il m'a parfaitement reconnu; il a nié qu'il eût de l'or en sa possession lors de sa seconde visite qu'il m'a faite.

M. le président. — Bourse, comment se fait-il que vous eussiez de l'or chez le témoin, puisque Thiébaut affirme que vous n'en aviez pas chez lui?

R. Mais, monsieur, j'en avais aussi chez Thiébaut; si j'ai demandé des journaux de l'Aisne à Monsieur, c'est parce que je savais qu'il était arrivé un malheur à Blérancourt, et je voulais savoir si ce n'était pas un de mes parents qui avait succombé.

Témoin Desjardin, propriétaire à Roye, dépose des mêmes faits. C'est à lui que Bourse montrait des pièces de vingt francs qu'en riant il prétendait être des centimes.

M. le président à Bourse. — Vous voyez bien qu'en revenant de Vrely vous aviez de l'or.

R. J'en avais étant chez Thiébault.

Le témoin. — Il avait entre les mains sept à huit pièces d'or, et il me dit: « Eh ben, paysan, connaissez-vous ces choses-là? »

Bourse. — Je ne me suis pas servi du mot paysan, je n'insulte jamais personne.

Témoin Maillard, gendarme à Roye. — J'ai été chargé de rechercher et arrêter Bourse à Carlepont, dans un cabaret où on l'avait signalé. J'ai su là qu'il avait payé la dépense qu'il avait faite avec une autre personne. On l'arrêta. Il nous dit qu'il n'avait que 25 centimes. On les trouva en effet sur lui; mais il avait caché une pièce de 5 fr. qui tomba de son pantalon.

M. le président à Bourse. — Et l'or que vous avez montré chez le sieur Fichot? Vous ne l'aviez plus, mais on le retrouva dans la prison de Laon.

Témoin Thiébaut, ex-gardien de la prison de Laon. — A l'arrivée à la maison d'arrêt, je le fouillai et ne trouvai que 25 c. J'appris qu'il circulait de l'or dans la prison. Bourse fut fouillé une première fois, et l'on trouva 3 fr. 50; il prétendit qu'il avait vendu son gilet. Fouillé une seconde fois, on trouva encore sur lui 4 fr. 50 c. qu'il dit avoir gagnés au jeu de bouchon. On saisit dans la prison une pièce d'or; je sus qu'elle venait de Bourse. Il affirma qu'elle appartenait à un détenu nommé Givisset, ce qui était impossible. Plusieurs fois, Bourse a confié des pièces d'or à des passagers qui sortaient de la prison.

D. Bourse n'a-t-il pas dit qu'il défiait le plus malin de trouver de l'or qu'il aurait caché sur lui?

Le témoin. — Oui, monsieur; une fois que je fermais la porte sur Bourse, j'ai donné un coup de clef pour fermer, puis j'en ai donné un autre pour ouvrir; alors j'ai guetté, j'ai écouté et j'ai entendu que Bourse disait: « Ils sont bien malins, mais ils ne le sont pas pour trouver mon argent. » Comme Bourse était un malin, j'ai toujours cru qu'il cachait son or dans l'anus.

M. le procureur général lit une déclaration des médecins commis pour examiner Bourse et savoir s'il n'avait pas avalé son or. Il ressort de leur examen que le pharynx et l'œsophage de Bourse présentaient des traces d'une irritation qui ne pouvait provenir que de l'ingestion et de la présence de corps étrangers dans ces organes. (Il avalait probablement sans cesse son or après l'avoir rendu).

Témoin X., ancien détenu à la prison de Laon. — Bourse avait de l'argent en sa possession et me proposa de changer une pièce de 20 fr. Le nommé Quinet me proposa d'en changer une deuxième. La dépense que Quinet faisait à la cantine n'était faite que par l'autorisation de Bourse. Avant que Bourse entrât dans la prison, Quinet était fort malheureux; ensuite, Quinet avait toujours de l'argent en sa possession.

A mesure que ces débats approchaient de leur terme, il arrivait ce que l'on voit toujours en ces sortes d'affaires. Ces héros du crime, ce Villet, bandit de génie; ce Lemaire, hercule de l'assassinat; ce Hugot, qui voyait la nuit comme les tigres; tous ces hommes qu'on avait cherché à poétiser, qui posaient avec complaisance, exagérant encore leur infamie, s'amoindrissaient et devenaient hideusement vulgaires. Plus le dénouement approchait, plus la peur du châtiment s'exprimait sur leur figure. Lemaire, si calme à l'audience, seul, dans son cachot, tombait dans des accès de rage inouis; il mordait ses poings, il voulait s'étouffer en avalant sa blouse. Bourse, vieux coquin endurci, avait réussi à cacher sur lui-même une partie des produits de ses vols; la perte de son trésor secret, que la perspicacité des gardiens avait découvert, l'abattait plus que la perspective du supplice. Lemaire cherchait encore à étonner les curieux. « Heureusement qu'on nous a arrêtés, disait ce fanfaron du crime, sans cela nous aurions fini par piller la France entière. »

Tous les jours, une diligence prenait les accusés à la prison et les transportait au palais de justice. « Messieurs les gendarmes, disait Hippolyte Villet, faites-moi le plaisir de ne pas me mettre dans le coupé; il me semble que cela me porterait malheur. »

Mais toute cette assurance tomba peu à peu. Le 13 novembre, quand le procureur général, M. Dufour de Montier, prononça son réquisitoire, sa parole vengeresse fit passer des frissons sur ces traits naguère si audacieux. Il commença en ces termes:

« Messieurs de la Cour, Messieurs les jurés,

« L'heure est venue pour l'organe du ministère public de s'élever enfin dans ce débat et de remplir le rôle que lui trace, que lui impose la loi; de discuter l'accusation.

Je me demande néanmoins, et peut-être vous demandez-vous, vous-mêmes, messieurs les jurés, si, en présence de l'enquête dont vous avez attentivement et patiemment suivi le cours, la discussion est nécessaire.

Nécessaire! lorsque les révélations abondent, les révélations que dictent non pas l'esprit de vengeance ou l'espoir d'égarer la justice, mais l'évidence des faits, mais le poids des preuves, mais la pression irrésistible de la vérité.

Nécessaire! — lorsque les éléments que fournit à profusion ce débat, — les indications qui sont prodiguées, — les témoignages devenus plus fermes et plus expansifs, — nous attestent que les têtes courbées sous l'oppression de cette tribu malfaisante des Villet se relèvent enfin, — que les poitrines respirent plus librement et laissent échapper toute la vérité, — depuis qu'on voit la justice forçant ces malfaiteurs à lui rendre compte d'une vie de rapine, — poursuivant son œuvre et portant la lumière dans cette ténébreuse association sans s'inquiéter des protestations, des mensonges, des colères qui se déchaînent à son approche!

Nécessaire ! -- Lorsque, de toutes parts, ressortent autant que l'atrocité des crimes, la culpabilité des accusés, — la complicité de ceux qui les aidaient, — avant, pendant, après le crime! après le meurtre!

La discussion est inutile pour vous, je le sens j'en suis convaincu, j'ose le dire; car vous êtes fixés; car vous savez à n'en plus douter ce qu'ont fait, ce que méritent ces hommes qui attendent votre verdict. — Cette discussion, qui n'a plus rien à vous apprendre, les convenances judiciaires seules la réclament désormais.

Oui, il convient que la justice, alors même qu'une solution est suffisamment préparée, imminente, prévue, inévitable, motive néanmoins, — motive publiquement, avec calme, avec logique, le verdict qu'elle réclame par notre voix, qui sera proclamé par la vôtre.

C'est à ces convenances que nous allons obéir, messieurs. Les considérations que nous venons d'exprimer indiquent, toutefois, que rien de superflu ne doit être ajouté à ce trop long et trop fatiguant débat; — nous en prenons l'engagement — nous ne le perdrons pas de vue.

L'exposé de l'acte d'accusation comportait trop de détails pour ne pas être partagé. — Nous vous parlerons des assassins et des incendiaires. — Le magistrat qui m'assiste vous résumera toutes les preuves qui se rattachent à la série des vols.

Je n'ai rien à vous dire des antécédents des accusés, — je n'ai rien à vous dire de leur caractère. — Depuis huit jours ne les avez vous pas face à face? Ces sinistres, cauteleuses ou violentes natures ne se sont-elles point assez manifestées?

Ai-je besoin de vous peindre Villet? — de vous dire dans quelle voie marche et entraîne les autres cet homme qui a porté jadis l'uniforme et qui, avant de le quitter, l'a souillé par le vol et la désertion. — Non! vous en savez assez désormais!

Avant d'aborder ces scènes sanglantes, — Blérancourt, — Folies, — Vrely, — permettez-moi de caractériser encore une fois l'ordre des preuves qui dominera ma discussion comme elle a dominé le débat. — La révélation a été dans cette monstrueuse affaire la clef qui a permis à la justice d'arriver à la vérité.

....

Le procureur général termina ainsi son vigoureux réquisitoire:

« Messieurs, une dernière incrimination est le complément logique, inévitable de cette accusation.

Partout se trahit cette communauté de mauvaises inspirations, de projets homicides, d'intérêts, de passions cupides, qui n'a cessé de rattacher, durant quatre années, ces hommes l'un à l'autre. C'est, je puis le dire, le caractère le plus saillant de cette affaire, la manifestation la moins équivoque de ce débat.

Il faudrait vraiment déclarer la justice aveugle et impuissante, si elle ne voyait dans Hippolyte Villet le démon malfaisant qui rassemblait, formait et dirigeait ces hommes, si on ne lui appliquait les peines qui punissent ceux qui recèlent habituellement les malfaiteurs où leur fournissent un lieu de réunion et d'asile!....

La maison de Villet, nous le savons à n'en pas douter, était le repaire ou l'on complotait les crimes, où l'on apportait le butin, l'arsenal où l'on prenait les armes, le quartier général de la bande.

Où sont les preuves? — Partout!..

Pas une violence, pas une déprédation où on ne trouve l'assistance et l'influence de cet homme. C'est Lemaire qui dit:

« Depuis l'assassinat de Blérancourt, nous avons bu et mangé plusieurs fois chez lui; on était riche, on avait pris 1.000 fr. »

C'est Hugot qui ajoute:

« J'allais trois et quatre fois par jour chez lui. Quand je n'y allais pas, la femme Villet venait me chercher! »

La femme Villet nie, mais Lemaire insiste: « Nous avons bu et mangé quand nous avions besoin. » — « Dis la vérité, s'écrie la femme Villet dit: « qu'est-ce que nous avons bu? » Lemaire: « De l'eau-de-vie comme à l'ordinaire. »

Ailleurs, Lemaire estplus explicite encore: « Je reconnais, dit-il, dans son interrogatoire du 16 mai 1857, que nous nous réunissions souvent chez Hippolyte Villet avec Hugot et sa femme; nous y mangions, nous y buvions et nous *fournissions l'argent*. (Vous entendez Villet!...) Vers dix heures du soir, quand il n'y avait plus d'étrangers dans la maison, on parlait librement des vols qu'on pouvait commettre. Villet nous en a indiqué plusieurs, tels que ceux commis à Suzanne et à Bouchoir, et d'autres, dont je ne me souviens pas. »

Ce chef retient les soldats autour de lui par tous les moyens. Hugot veut quitter Vrely après le vol commis dans cette commune même. Villet court après lui, prend son livret, le ramène presque de force et lui promet de lui procurer de l'ouvrage, quel ouvrage!...

Pour mieux s'assurer de Lemaire et l'exciter au vol, car, sans doute, on avait reconnu qu'il *irait loin*, Villet le faisait, durant son enfance, coucher chez lui pendant plusieurs semaines à l'issue de son père.

« C'était, dit ailleurs Hugot, presque toujours dans la maison de Hippolyte Villet que nous nous réunissions, Lemaire et moi, pour aller faire nos expéditions. »

Bourse en convient aussi: « Le dimanche 2 décembre 1855, dit cet accusé, je me suis rendu chez Hippolyte Villet. C'était le lieu ordinaire du rendez-vous de Lemaire et de Hugot. »

Lemaire en convient aussi: « Je reconnais, dit-il, que nous nous réunissions souvent chez Hippolyte Villet avec Hugot et sa femme, nous y mangions, nous y buvions et nous fournissions l'argent. »

Enfin, Fournier, l'ancien garde-champêtre, dit à ce sujet, dans un des passages de l'information: « Hugot et Lemaire fréquentaient journellement et même plusieurs fois par jour la maison d'Hippolyte Villet, mais quand j'entrais dans cette maison pour savoir quelque chose, on gardait le silence et on prenait un air mystérieux, de manière que je n'aie pu savoir ce qui se passait entre eux. »

Sans doute, mais nous le savons nous!...

Ce recel de malfaiteurs est une complicité permanente aux yeux de la loi. Je n'ai pas à démontrer la sagesse de cette disposition. Elle ressort d'elle-même. Dans le mal comme dans le bien, l'union, l'association fait la force. Si les assassins et les voleurs ne trouvaient pas un asile toujours prêt à les recevoir, soit avant, soit après le crime, eux et le butin qu'ils apportent, s'ils ne pouvaient tenir conseil à l'abri du regard de la police, les crimes seraient plus rares et surtout le concert ne serait guère possible, mais toujours passager entre les voleurs.

Cette complicité de Villet, vous la trouverez établie, messieurs, je n'en doute pas, jusqu'à la dernière évidence.

J'ajouterai un dernier mot pour Villet.

La justice lui impute, l'arrêt, l'acte d'accusation relèvent contre lui l'incendie, la complicité du meurtre, le recel de malfaiteurs.

Il a fait plus que tout cela, il a créé Lemaire! Lemaire est son ouvrage! Lemaire a raconté que, tout enfant, il se sauvait du domicile paternel pour aller chez Villet, que Villet lui donnait asile, le cachait pour le dérober aux recherches de sa famille, le gardait durant plusieurs semaines à l'insu de ses parents, puis le formait, le dressait, l'encourageait au vol. Et quel professeur que Villet!...

Le jury doit-il être moins sévère pour le maître que pour l'élève?... Non!...

Assez et trop, peut-être dans cette cause, messieurs; j'ai hâte de conclure.

Ces hommes sont coupables; ils sont souillés de crimes sans nombre!

Vous les condamnerez!

Ils savent, tout le monde sait qu'il ne peut être question dans cette affaire que de disculer la culpabilité; d'indulgence, d'atténuation, il n'en peutêtre question.

Convaincus, vous devez être impassibles et fermes comme la loi, laisser un libre cours à la justice, à la justice inflexible, à la justice absolue, à la justice exemplaire.

Il y a pour cela deux motifs qui frappent tous les esprits, que votre raison et votre conscience ne peuvent manquer d'admettre.

Adoucir le châtiment qu'ont encouru tous ces malfaiteurs, ce serait:

1° Refuser à vos concitoyens, à toutes ces contrées inquiètes et désolées la sécurité complète, la sécurité longtemps attendue qu'elles réclament de vous et qui ne saurait être garantie que par des peines irrévocables, que par une terreur salutaire.

2° Ce serait accorder à ces coupables ce qu'ils ne méritent pas; méconnaître, froisser le sentiment public dont vous êtes cependant l'expression la plus directe et la plus intime, s'il m'est permis de m'exprimer ainsi!...

Je tiens, messieurs, que le magistrat du ministère public obéit à un sentiment de haute convenance, en s'abstenant avec soin, aussi bien en matière criminelle qu'en matière civile, de ce qu'on appelle des considérations.

La preuve du fait, l'immoralité de l'agent, le péril social, doit sortir pour vous de ce tableau mouvant, de cette réalité positive, matérielle, qu'on nomme le débat, et non des recherches ou des émotions de la parole.

Ici, messieurs, cette réalité ne palre-t-elle pas assez haut pour déterminer tout homme de bien et de sens à se montrer ferme?... Cette réalité n'est-elle pas saisissante?...

Je m'abstiendrai donc de toute exhortation, comme si je craignais de vous faire injure en vous soupçonnant de faiblesse en face de pareils crimes et de pareils hommes.

Je me contenterai de vous dire: il ne peut y avoir dans cette cause d'attendrissement que sur le sort des victimes!... d'autre souci que la sécurité publique!

Souvenez-vous de ce qu'ont dit les témoins.
Regardez ces hommes?

N'est-il pas vrai que, pour eux, le mal n'a pas été un accident, mais une habitude? qu'il s'était comme incarné en eux?

N'est-il pas vrai qu'ils n'ont pas agi sous l'influence d'une passion soudaine, passagère, mais sous les suggestions d'une immoralité permanente?

N'est-il pas vrai qu'ils ont dépassé toutes les bornes?

Nest-il pas vrai qu'il y a entre les honnêtes gens un abîme que rien ne peut combler désormais?

N'est-il pas vrai qu'il ne peut s'agir, pour une perverse nature, ni d'amélioration, ni de réhabilitation?

N'est-ce pas un combat à outrance qu'ils ont livré? un combat où ils ne peuvent demander merci après la défaite, eux qui, impitoyables pour leurs victimes, ne l'ont jamais accordé à personne?

Auraient-ils l'audace et l'inconséquence de se réfugier dans ce dogme de l'inviolabilité de la vie humaine qu'ils ont volé sans cesse?

Vrely, Folies, Blérancourt leur répondraient.

Châtiment exemplaire! châtiment irrévocable! usage de toutes les armes que la loi met aux mains du juge pour la sauvegarde de la sûreté commune, pour la défense des honnêtes gens, voilà le seul dénoûment logique, sage, convenable de ce débat! Voilà le devoir d'un juge intelligent et ferme.

Je sais, et le passé me l'atteste, et j'en ai pour garants des verdicts mémorables, qu'en de telles circonstances le jury de l'Aisne ne faillira pas!

Il y a dans ce pays, dans deux départements, une grande attente, je dirai presque une grande soif de justice. Depuis deux années, l'opinion publique a été vivement impressionnée. Longtemps vivra dans les traditions populaires, dans les récits du foyer, dans les légendes du Santerre, le souvenir de Villet, de Lemaire, de Bourse, d'Hugot, des ruines qu'ils ont faites, du sang qu'ils ont versé, du vol et de l'incendie marquant chacun de leurs pas.

Qu'à ce récit s'attache, Messieurs, une moralité sévère!

Qu'on puisse ajouter: Si les crimes de ces hommes furent sans exemple dans les contrées, du moins le verdict du jury fut sans faiblesse!.. Les jurés se souvinrent qu'ils représentaient la société constituée pour sa propre défense; ils se montrèrent à la hauteur de cette mission. »

Après les plaidoiries des avocats, des accusés, le procureur général se leva et dit:

« A Dieu ne plaise, Messieurs, que je vienne lasser votre bienveillante attention. La justice vous en sait trop de gré pour en abuser.

Si je jette quelques paroles encore dans ce débat, elles seront mesurées à votre fatigue et aux exigences de la cause, c'est-à-dire que, m'abstenant de rentrer dans la discussion des divers chefs successivement examinés par l'accusation et la défense, je répondrai par quelques considérations générales aux moyens qu'un même intérêt a rendus communs à tous les prévenus.

Je le ferai succinctement, rapidement, comme il convient vis-à-vis d'hommes dont la haute raison a déjà fait justice de tout argument sans portée.

D'ailleurs, il nous tarde à tous, à moi comme à vous, que la voix grave, impartiale du magistrat qui a si dignement présidé ces débats, se fasse entendre enfin et rende à la justice le calme et le recueillement qui lui sied si bien.

La défense, qui s'est montrée à la hauteur des difficultés de cette cause, n'avait pas, il faut le reconnaître pour lui en faire un mérite de plus, à choisir entre les deux voies qui s'ouvrent devant elle pour arriver au but qu'elle se propose, à l'absolution ou à l'atténuation. La défense, sûre d'être toujours écoutée par vous avec faveur, sait en effet qu'elle peut s'adresser tantôt à vos cœurs, tantôt à votre raison, si les faits sont discutables.

Pas d'alternative ici!... Quel que soit le talent d'un défenseur, il ne pouvait songer, Messieurs, à intéresser le jury à des hommes courbés sous le poids d'antécédents ignominieux, d'hommes flétris par l'opinion de leurs concitoyens, par les arrêts de la justice.

Il fallait donc tenter de les disculper. Vaine tentative! j'ai droit de le dire. Tâche impossible!

Après tout, une considération générale, un moyen unique a dominé la défense; répondant à l'argument capital, décisif, invoqué par l'accusation. C'est avoir tout fait que d'y répondre.

L'accusation disait:

Il n'y a plus d'obscurité ni de doutes dans cette affaire. Nous connaissons les crimes et les coupables, car des aveux, des révélations, désormais sans réticence, nous ont pour ainsi dire fait assister à ces scènes sanglantes, ont un instant fait revivre, placé sous vos yeux, face à face, les assassins et les victimes, les uns frappant, les autres succombant sous leurs coups. Il semble que les vivants et les morts se soient relevés un moment, comme dans l'épouvantable festin de Domart, où on avait redressé les cadavres pour les asseoir à côté des meurtriers durant l'orgie. Festin sacrilège où la mort, qu'on ne raille pas et qu'on n'outrage pas impunément, marquait sans doute de son doigt fatal et implacable chacun de ces brigands, que les vapeurs du sang avaient enivrés jusqu'au délire. — Ne devait-elle pas, un jour, leur rendre l'honneur qu'ils lui faisaient?

Ecrasés par ces aveux, par ces révélations, les coupables vous disent pourtant: « Prenez garde, ne croyez pas trop aisément ces hommes qui veulent satisfaire leur haine ou assurer leur salut au prix de la liberté, de la vie de leurs co-accusés; que la justice ne se montre pas inconséquente en les trouvant à la fois dignes du supplice et dignes d'être crus dans leurs affirmations. »

Votre raison a déjà fait la réponse avant moi.

Il y a ici d'abord des accusations que personne ne peut récuser. C'est le *corps du délit*, pour me servir du langage judiciaire. Les cadavres de Deschamps, des époux Thory, de Chrétien, ces victimes attestent des assassins.

Eh bien! qu'un de ces brigands de deuxième ordre que je vois sur ces bancs, Prevost, Rabache, tout autre, vienne me dire: Je n'ai point trempé dans ces meurtres, je ne suis jamais allé au-delà du vol, mais j'ai reçu les confidences des assassins. — Que Hugot me dise: Je suis allé jusqu'à la porte des victimes, mais je ne suis point entré je me suis tenu à l'écart, et voilà ce que j'ai vu.... il conviendra sans doute que la justice témoigne quelque défiance.

Elle a vis-à-vis d'elle un dénonciateur qui veut grossir l'intérêt de sa défense de tout le poids de ses révélations. Il s'excuse, donc il est suspect.

Mais si l'un des coupables se lève et dit: J'étais partout. J'ai fait plus que tous. J'ai eu constamment la mission de tuer et je l'ai remplie... Je sais que je n'ai plus rien à attendre de la justice des hommes. Je sais que je suis voué à la mort et à l'exécration. — Mais on m'a dit que Dieu pouvait, après l'expiation, parce que sa puissance et sa miséricorde sont infinies, relever ma tête coupable et pardonner; que la vérité, l'aveu étaient la première, l'inévitable condition. — Je parle donc: J'étais toujours le premier. Le plus coupable. Voilà ceux qui me suivaient... Si un tel langage est tenu, toutes les garanties que peut exiger la justice humaine se rencontrent.

Telle est la situation, tel est le langage de Lemaire... Il vous met un flambeau dans la main, il éclaire toutes ces ténèbres. N'essayez pas de vous y soustraire vous tous, pas même vous, Jean Villet qu'on a si éloquemment défendu; on vous a bien séparé par vos antécédents meilleurs, par l'absence de toute autre incrimination, de toute relation habituelle; mais a-t-on expliqué, dites-moi, Jean Villet, pourquoi Lemaire aurait intérêt à vous accuser? Pourquoi nul, chez vous, parmi les vôtres, ne peut nous dire comment Chrétien est mort? A-t-on surtout expliqué ce que vous ne pouvez pas expliquer vous-même? Ce voyage à Saint-Just, pour fermer la bouche à Hugot, cette bouche d'où pouvait s'échapper un terrible secret. Le jury, oubliant la verve entraînante, le charme de la parole qui a présenté votre justification, ne trouvera même pas dans cette parole habile la réponse, impossible pour vous, à cette triple question...

Je n'ai rien de plus à dire, Messieurs, pour répondre à la défense. Un autre ordre d'idées m'appelle.

Cette révélation qui écrase les coupables peut-elle servir d'égide, de titre à l'atténuation pour les deux révélateurs?

Non!

Vous ne pouvez pas nous convier sérieusement à faire à ces hommes un mérite de leurs révélations; car je dirai à Hugot: Vous n'avez cessé, vous, de mutiler la vérité. Contraint par les révélations de Lemaire, vous accordez à la justice ce qu'il vous est impossible de lui refuser; vous disputez le reste pied à pied; vous mentez quand vous pouvez...

Je dirai à Lemaire: Vous êtes arrivé à un point où Dieu seul peut vous tenir compte des aveux, lire dans votre conscience et de son œil infaillible juger s'ils sont sincères. Nous faillirions à notre devoir, nous trahirions la mission sociale dont nous sommes investis, si nous en tenions compte pour vous accorder une scandaleuse indulgence... Ont-ils été spontanés d'ailleurs? N'est-ce pas après avoir tenté le suicide et l'évasion, qu'à bout de force vous avez cédé?... Vous êtes un vaincu dans cette lutte avec la justice, voilà tout...

Voilà tout...

Quand vous avez dit: J'ai été, moi, partout l'exécuteur, celui qui donnait la mort, vous le comprenez bien, tout a été dit pour vous. Vous avez mérité deux fois, à Blérancourt, à Folies, le châtiment qui vous attend. Ne songez pas à prendre ici la justice et l'humanité pour dupes.

Terminons par de mâles paroles. Il y a plus de trente années, en 1822, huit malfaiteurs saisis au village de Rosières, accusés de vols commis la nuit, à l'aide de violences, sur des chemins publics, *d'un seul assassinat*, étaient traduits devant douze jurés, probes, libres, fermes comme vous. Vos devanciers dirent: « Voici un pays désolé par des bandits: il a besoin d'un grand exemple.»

Quatre furent désignés par le jury pour l'échafaud... et quatre montèrent sur l'échafaud.

Le jury se dit: « Nous avons rempli un grand et terrible devoir. Mais nous avons la conscience d'avoir pour longtemps purgé ce pays de voleurs et d'assassins. »

Illusion de cœurs honnêtes! Trente ans plus tard, devant un autre jury, devant vous, Messieur comparaissent, non plus huit, mais quatorze accusés.

Ils ont commis, non pas un seul, mais trois assassinats, deux incendies, cinquante vols.

L'exemple a donc été insuffisant.

Il n'a pu protéger ce malheureux pays.

Eh bien! Messieurs, faites comme vos devanciers

Assurez par un nouvel et terrible exemple la sécurité sociale. »

Après une courte réplique de Me Caraby, au nom de ses confrères, de Me Salmon, pour lui-même et pour Me Lachaud, son ami, défenseur de Jean Villet.

M. le président demande à chacun des accusés s'il a quelque chose à ajouter à leur défense; tous répondent négativement; Hippolyte Villet seul se lève et dit: « Vous avez entendu mon illustre et éloquent avocat, je lui paie un tribut de reconnaissance. Il n'y a que la méchanceté qui puisse faire parler contre moi. » Et, en quelques mots prononcés avec le même accent énergique qui ne l'a jamais abandonné, il continue à protester de son innocence.

M. le président prononce la clôture des débats.

Ce magistrat qui, pendant toute la durée de cette affaire, a fait preuve de tant de calme et de patience; souffrant qu'Hippolyte Villet, en raison de sa prétendue surdité, approchât son oreille de son visage; écoutant ses réponses violentes, dont le soufle arrivait jusqu'à lui, sans jamais laisser échapper un mouvement d'irritation ou de dégoût, commence le long résumé que la loi lui impose.

Les débats de cette affaire, commencée le 4 novembre, ont duré jusqu'au 16 du même mois. Les jurés avaient 810 questions à résoudre; cette délibération a duré depuis deux heures et demie qu'à neuf heures du soir.

Le 17, à 1 h. 40 du matin, la cour entra en audience et le président prononça un arrêt qui condamnait:

Lemaire, Hugot, Bourse et Hippolyte Villet à la peine de mort; leur exécution devra avoir lieu à Rosières;

Prosper Villet, aux travaux forcés à perpétuité;

La femme Villet, à 10 ans de réclusion;

La femme Hugot, à 5 ans de la même peine;

Rabache, à 7 ans de réclusion;

Félicie Villet, à 8 ans de la même peine;

Pillot, Prévost et Caron, à 3 ans de réclusion;

F..., et Jean-Baptiste Villet furent acquittés.

L'arrêt portait que leur exécution en ce qui touche Lemaire, Hugot, Bourse et Hippolyte Villet aurait lieu sur la place publique de Rosières. La prononciation de la sentence, bien que la condamnation de ces quatre grands coupables fût depuis longtemps prévue, produisit sur l'auditoire une vive émotion qui se traduisit par un long frémissement.

Félicie Villet, que les gendarmes avaient dû emporter hors de la salle après lecture du verdict, fut ramenée pour entendre la sentence de la cour: en entendant condamner son père à la peine de mort, elle poussa de véritables hurlements et elle s'écria: « On a acquitté un assassin, et mon pauvre père, qui n'a rien fait, est condamné. »

Hippolyte Villet, que son état de surdité a empêché d'entendre l'arrêt, se tourna vers son avocat, et lui demanda à quoi étaient condamnés ses enfants.

Les autres accusés conservèrent la plus complète impassibilité, Bourse seul versait des larmes.

M. le président leva l'audience après avoir averti chacun des condamnés qu'ils ont trois jours pour se pourvoir en cassation contre l'arrêt qui venait d'être rendu contre eux.

Les condamnés sont emmenés par les gendarmes et conduits en la prison de Laon, dans la diligence qui, tous les jours, servait à leur transport.

La foule s'écoule lentement, vivement impressionnée par le dénoûment de ce drame judiciaire qui déjà a pris place au premier rang parmi les causes célèbres.

En reconduisant à la prison le cortège des condamnés, les trois femmes poussaient des cris déchirants pendant toute la route. Félicie ne cessait de maudire sa mère, de couvrir d'invectives la femme Hugot qu'elle accusait d'avoir tué cinq de ses enfants en bas âge. Dans ses crises nerveuses qui la reprenaient à chaque instant, elle jetait des cris qu'on entendait en dehors de la voiture.

Ce fut bien autre chose encore lorsqu'il fallut la faire descendre de la voiture; on ne pouvait l'en arracher. Il fallut l'en extraire de force et l'emporter à plusieurs hommes. Leur échappant, elle arrachait son bonnet, ses vêtements, et, échevelée, elle se jetait à terre, en hurlant, en vociférant, en accusant son père, en maudissant encore sa mère qui aurait dû l'étouffer quand elle vint au monde, en menaçant de se tuer comme elle l'avait dit à l'audience. Plusieurs gendarmes furent obligés de la transporter au dortoir où ses cris avaient déjà porté la terreur parmi les détenues dont les unes regardaient avec épouvante arriver cette terrible compagne, dont les autres s'étaient levées pour lui porter secours et venir en aide aux excellentes sœurs de charité qui sans doute ne s'étaient jamais trouvées dans un pareil embarras. Mise au lit, Félicie Villet ne put y être maintenue que par les efforts combinés de plusieurs personnes qui durent la contenir et veiller sur elle jusqu'au matin où, à bout de force, complètement épuisée, elle redevint un peu plus tranquille.

La femme Villet, que sa fille voulait étrangler à la fin de l'audience, était anéantie. Quand elle revenait à elle, c'était pour reporter sa pensée sur son fils qu'elle ne reverrait plus. « Mon pauvre Prosper! » répétait-elle au milieu de ses sanglots.

La femme Hugot a conservé plus de calme. On a dû faire coucher ces trois femmes dans des dortoirs séparés. Félicie, qui en veut à la femme Hugot, aurait menacé celle-ci aussi de lui faire un mauvais parti.

Quant aux hommes, ils sont restés le matin ce qu'ils étaient la nuit.

Lemaire et Hugot ont gardé du sang-froid, quoique profondément tristes. Hugot reprochait à Lemaire, mais sans amertume, les mensonges qu'il l'accusait d'avoir faits contre lui.

Bourse pleurait encore. Rencontrant M. l'aumônier d'Amiens dans les couloirs de la prison, il s'est jeté à ses genoux et lui a baisé la main. Le vénérable prêtre l'a béni en l'encourageant par quelques bonnes paroles.

Prosper Villet versait aussi d'abondantes larmes; mais les autres condamnés affectaient de l'assurance, surtout Prévost, dit *Mongros*, que l'on dit cependant compromis dans l'assassinat de Domart.

Quant à Villet père, il blasphémait et sacrait. Il maudissait les prêtres, le procureur général, les jurés, Hugot et Lemaire surtout dont les révélations l'ont perdu, dit-il.

Jamais les sombres cours de la prison de Laon n'avaient assisté à un pareil spectacle, à une semblable émotion. Aux lueurs vacillantes des lanternes s'agitaient une trentaine de gendarmes, ceux-ci veillant sur les cinq principaux condamnés que l'on ferrait les uns après les autres, ceux-là emmenant les condamnés que le serrurier leur livrait, les uns emportant Félicie, les autres donnant des soins à sa mère ou essayant de l'encourager, les deux aumôniers prodiguant à tous les consolations de la religion, les dignes sœurs faisant respirer d'un air effrayé de l'éther à Félicie qui se débattait contre elles.

*
* *

Pendant la durée de cette trop mémorable affaire, la presse quotidienne donnait chaque jour à ses lecteurs le résumé fidèle de ce qui s'était passé la veille devant la cour d'assises de l'Aisne. La presse étrangère s'occupa aussi de cette affaire, et, quelques jours après que le jugement fut rendu, un journal anglais, le *Daily News*, avançait, avec toute la mauvaise foi qui caractérise les enfants de la perfide Albion, que la bande Lemaire a répandu la terreur pendant plusieurs années, aidée en cela par la timidité des maires, curés et autres autorités du canton. Cet article injurieux pour les habitants du canton de Rosières, et même pour ceux du département de la Somme, valut à son auteur une réponse énergique de la part de trois habitants de ce bourg.

Dans la dernière dizaine du mois de décembre le bruit se répandait presque journellement dans tous les villages des environs de Rosières que l'exécution des condamnés aurait lieu le lendemain ou le surlendemain.

Ces fausses alertes mettaient en mouvement toute la population de la région, et les chemins étaient constamment couverts de monde.

Enfin, le 31 décembre 1857, Villet, Bourse et Lemaire furent décapités au milieu d'une plaine immense située à moitié chemin de Vrely et de Rosières, et à 800 mètres environ de cette dernière commune. Villet était âgé de cinquante-deux ans, Bourse de quarante-sept, et Lemaire accomplissait, le jour même, sa vingt-cinquième année.

Le lundi précédent, des dépêches du garde des sceaux avaient annoncé que l'Empereur commuait la peine de Hugot en celle de travaux forcés à perpétuité. En conséquence de cette décision, des ordres furent immédiatement donnés pour que l'exécution eût lieu le jeudi 31 décembre, à dix heures précises.

Le matin de ce jour, à minuit vingt minutes, Villet, Bourse et Lemaire, qui couchaient dans un dortoir commun en compagnie de plusieurs autres détenus, ont été invités à se lever et à s'habiller. Lemaire dormait paisiblement; il a fallu le secouer jusqu'à deux fois pour le réveiller. Villet et Bourse n'avaient pas encore fermé l'œil et avaient passé cette première partie de la nuit dans une assez vive agitation.

Lemaire ne s'est pas un instant mépris sur le véritable motif de cette levée si matinale, et il a dit: « Ah! c'est certainement pour aller à Rosières; je m'y attendais. »

Les trois condamnés, une fois debout, ont demandé à embrasser leurs camarades de chambre et ils ont fait successivement une visite à chaque lit.

Après cette scène, qui n'a pas été sans émotion pour les assistants, les condamnés ont témoigné le désir de remettre entre les mains de qui de droit le peu d'argent qui leur restait, avec recommandation de faire dire des prières pour le repos de leurs âmes; l'un deux a même insisté auprès d'un des gendarmes pour qu'il voulût bien inviter, en son nom, les prisonniers à commencer une neuvaine à son intention. Villet a remis une faible somme pour être envoyée à ses malheureux enfants dont il déplorait amèrement le sort.

A une heure, toutes les dispositions du départ d'Amiens étant achevées, les patients ont été dirigés vers la porte de sortie du palais de justice, qui se trouve dans le Logis-du-Roi, où les attendait la voiture cellulaire qui les avait amenés de Laon avec l'escorte qui devait les accompagner.

Au moment de franchir le seuil de la prison, Lemaire n'ayant pas encore aperçu Hugot, a demandé s'il ne venait pas, lui aussi. Et, sur la réponse évasive qu'on lui a faite: « Oh! a-t-il répliqué, je m'en doute bien; il n'ira pas plus dans un mois d'ici qu'à présent; ça ne m'étonne pas. » Lemaire prononçait ces paroles sans aucun sentiment d'aigreur et avec un calme parfait. Villet était d'une pâleur extrême, mais sans prostration; Bourse paraissait affreusement tourmenté.

Les condamnés sont montés dans la voiture, divisée en trois compartiments isolés formant cellules.

Un brigadier de gendarmerie et un gendarme ont pris place dans le sinistre véhicule.

Le convoi s'est mis en marche, précédé et suivi de douze gendarmes, commandés par un maréchal des logis, et d'un détachement de dix chasseurs sous les ordres d'un sous-officier.

Dès la veille au matin, l'autorité militaire avait dirigé sur Rosières un fort détachement de cavalerie et 160 hommes du 94e, qui avaient été logés chez les habitants.

Une foule assez nombreuse se pressait sur la place du Palais-de-Justice et à la porte de Noyon pour assister au départ du cortège. Sur toute la route, jusqu'à Thennes, les populations, averties du passage du cortège, étaient sur pied. A partir de cette localité, elles ne se sont plus contentées de regarder avidement cheminer la voiture des patients, elles se sont mises résolument à la suivre.

La voiture cellulaire a fait un temps d'arrêt à Moreuil. Bourse a demandé à boire; on lui a apporté un verre de vin; Villet et Lemaire en ont pris autant. Les patients ont parcouru cette première partie de la route en conservant toute leur énergie. Lemaire était résigné et disait: « J'ai mérité la mort, j'y suis tout préparé, et rien ne m'occupe plus que Dieu. Je sais qu'on me mène à la guillotine; je saurai mourir courageusement.»

Villet n'a pas faibli; il a même risqué quelques plaisanteries qui témoignaient d'une certaine sérénité dans ses idées, et, en tous cas, d'une grande force morale. « C'est curieux, a-t-il dit au gendarme, son voisin, quand nous en serons au jugement dernier, vous aurez votre tête et moi pas. » Il a demandé, comme ses camarades, qu'on voulût lui donner, par grâce, un peu de tabac pour mâcher. On n'a pas cru devoir lui refuser cette faveur, et il en a paru très satisfait.

Lemaire aurait désiré fumer une pipe, rien qu'une petite pipe, disait-il; mais on n'a pu souscrire à ce désir. Bourse a plusieurs fois interrogé Lemaire en lui demandant s'il persisterait jusqu'à la fin dans ses accusations contre lui. Lemaire a répondu: « Tout ça est passé, il ne faut plus en parler. Je n'ai plus qu'à m'occuper de mon âme. » Ce condamné avait reçu la communion l'avant-veille.

Arrivé près de Rosières, Lemaire, à travers le vasistas qu'on avait dû ouvrir pour donner de l'air à la voiture, a cru reconnaître son pays et a dit: « Tiens, voilà le moulin de Rosières. » A ces mots, Villet a poussé comme un soupir étouffé, et il est tombé en même temps que Bourse dans un état d'affaiblissements affreux; à peine avait-il la force de se soutenir.

Le cortège a fait son entrée dans la cour de la gendarmerie de Rosières à huit heures précises. En ce moment, la foule était déjà énorme dans le chef-lieu de canton; elle encombrait toutes les rues et s'écoulait lentement vers le lieu de l'exécution.

Deux salles avaient été disposées dans la gendarmerie pour recevoir les condamnés. Villet et Bourse ont été déposés dans l'une et Lemaire dans l'autre. Les aumôniers se sont alors approchés des patients et ont commencé ce pénible et suprême épisode de leur mission. Leur entretien a duré plus de trois quarts d'heure.

A neuf heures, après une courte entrevue avec le juge d'instruction de Montdidier, les patients ont été livrés aux exécuteurs, qui ont procédé à la fatale toilette. Cette opération a été subie par eux avec une énergie relative, tempérée par des instants de défaillance. Ils étaient, du reste, tous d'une pâleur mortelle.

Bourse a voulu baiser les mains des bourreaux et des gendarmes; ses deux compagnons l'ont imité. Un serrurier a été appelé ensuite, et le déferrement a eu lieu. Il parait que l'ouvrier n'allait pas très bien, car Lemaire, se penchant vers lui, lui a dit: « Vous ne savez pas votre métier, vous êtes un maladroit. »

Bourse a désiré se réconforter; on leur a donné à chacun un verre de vin qu'ils ont tous paru boire avec plaisir.

Il était dix heures. La voiture cellulaire s'est approchée, et on y a fait monter les condamnés dans l'ordre suivant: Lemaire dans le fond; Bourse au milieu et Villet près de la portière. Bourse s'est arrêté deux minutes sur le marche-pied et a dit à M. l'abbé Douillez. « Il me reste encore quelque argent, monsieur l'abbé, je désirerais qu'il fût employé à me faire dire des messes. » Villet était altéré, la tête jetée plutôt qu'inclinée sur la poitrine. Les deux aumôniers ont pris place dans la voiture.

Le cortège s'est ébranlé et s'est dirigé vers le lieu où l'échafaud s'élevait.

On avait déployé un luxe de forces [illegible]itaires considérables. Les trois brigades de Mo[illegible]uil, de Montdidier et de Rosières étaient échelonnées sur le parcours. Le détachement des soldats du 94e formait la haie à cent mètres en avant de la lugubre machine protégée par un double cordon de chasseurs et de gendarmes. Les arbres du voisinage, dans toute leur hauteur, étaient garnis de spectateurs; un toit voisin craquait sous le poids des curieux; la plaine était un océan de têtes qui se mouvaient et s'agitaient avec des murmures sans nom.

Au milieu de ce peuple frémissant sous le

poids d'une émotion indescriptible, quelques boulangers débitaient du pain aux affamés, pour un sou; des spéculateurs vendaient des cigares aux fumeurs, et d'innombrables industriels louaient à dix centimes pour mieux voir, des taupinières qu'ils avaient confectionnées avec des glèbes durcies par la gelée.

On a demandé à quelques personnes habituées à ces sortes d'estimations, à quel chiffre on pourrait évaluer le nombre des spectateurs; les unes et les autres ont varié entre 35.000 et 50.000 personnes de tout âge, de tout sexe et de toute condition; il en est même qui ont porté ce nombre à 60.000

Villet, Bourse et Lemaire on été extraits tour à tour de leurs étroites cellules et conduits sur la plate-forme de l'instrument. Les vénérables prêtres leur ont donné une suprême accolade; de grosses larmes jaillissaient de leurs yeux.

Vingt minutes après, à travers un flot de peuple qui se déroulait sur la grande rue de Rosières, on allait déposer les cadavres des suppliciés dans le cimetière de la commune.

*
* *

A un demi-siècle de distance, je me rappelle encore les récits faits à la veillée des méfaits quotidiens de la bande Lemaire, et qui donnaient la chair de poule même aux plus hardis. C'est que cette association de malfaiteurs avait son siège à dix kilomètres de Démuin, où plusieurs de ses membres étaient connus, pour être venus casser des cailloux sur la route de Moreuil à Doullens.

Je me souviens aussi de l'état de frayeur de mes compatriotes lorsqu'ils apprirent l'évasion audacieuse de Lemaire de la prison de Montdidier. Chacun prétendait avoir aperçu ce criminel dans les champs ou dans les bois; on n'osait plus sortir de chez soi, même en plein jour.

Aussi, c'est avec un formidable soupir de soulagement que l'on apprit la condamnation de ces malfaiteurs. Et c'est en foule que l'on se porta au lieu de leur exécution, non pour se repaître d'un aussi lugubre spectacle, mais bien plutôt pour être assuré que ces assassins étaient désormais hors d'état de renouveler leurs méfaits.

Depuis cette époque, le Santerre a recouvré sa tranquillité, et les crimes y sont moins fréquents que partout ailleurs.

1904
ROYE (Somme).
Imprimerie JEANSON-QUIN

www.ingramcontent.com/pod-product-compliance
Lightning Source LLC
LaVergne TN
LVHW020353230826
846091LV00003B/1092

9782012882904